ジャポニスムと近代の日本

Tohda Masahiro
東田雅博

山川出版社

はじめに

「ハラジュク　ガールズ」を知っているだろうか。アメリカのポップシンガー、グウェン・ステファニーが二〇〇四年にリリースしたアルバムに収録された曲である。ステファニーの背後で四人の日本人ダンサーがメイド風のカワイイ衣装で踊っている。彼女たちはエキゾティックで今風の「日本らしい」雰囲気を作りだしている。この曲については日本人を偏狭なステレオタイプに閉じ込めるオリエンタリズムであるとか、文化帝国主義であるなどの批判もなされているが、(1) この点については後に取り上げるとして、今日、日本のファッション、アニメ、漫画などのポップカルチャーは世界中で人気が高い。もちろん、その他にデザインや建築、あるいは食文化なども大いに注目されている。日本の文化が世界の注目を集めているようである。

こうした現象はクールジャパンと呼ばれているが、じつは同様な現象は幕末・明治期の頃にも見られた。この頃、日本の美術工芸品、とくに陶磁器、漆器、浮世絵などが欧米世界でもてはやされたのである。これはジャポニスムと呼ばれる。クールジャパンという場合、日本の文化を、あるいは様々な産品を政府の支援で海外に広めるという側面もあるようだが、じつはジャポニスムもそうであった。明治期になって政府が正式に万国博覧会に参加するようになってから、政府が積極的に日本のモノを世界に売り込もうとしたのである。なにしろ大久保利通や大隈重信など、当時の政府の重鎮が万博の責任者となっていたのであるから、その力の入れ方はただごとではない。今日でも万博は開催され、日本も参加しているが、このようなことはありえないであろう。

さて、本書は今から一五〇年前頃からほぼ半世紀ほど続いたこのジャポニスムと称される現象を紹介しようとするものである。もちろん、これまでもジャポニスムに関する著書は数多く出版されてきた。では、今改めて本書を世に送ろうとするのはなぜか。ひとつは、ジャポニスムの認知度の低さである。この現象についての社会における認知度がまだまだ低いように感じられるのである。筆者が住む金沢には世界的にも知られている二一世紀美術館がある。ここには図書室もあり、小さいスペースだがしゃれた本が美しく並べられている。美術館に図書室とはなかなか気が利いている。しかし、この図書室にはジャポニスムを主題とする本が欧文、邦文を問わずほとんど置かれていない。二一世紀を冠する美術館だからということかもしれないが、ジャポニスムの影響は今日にまで及んでいるとの説もあるのだから、これは残念なことである。もちろん、二一世紀美術館を貶めようというのではない。仮にすべての美術館に図書室が設置されていたとしても、事情はさほど変わらないように思われる。美術館のようなジャポニスムととりわけ関係が深い場であっても、これが現状なのである。だから、グローバルな時代であることが強調される今、多くの人々に一五〇年ほど前に花開いたクールジャパンについてもう少し知ってほしいのである。

今ひとつの理由は、そしてこちらの方も重要なのだが、ジャポニスムの評価にかかわる問題である。じつは、ジャポニスムの前に、一七、一八世紀のことだが、中国の磁器やデザインがヨーロッパ中でもてはやされ、一大中国ブームが起こった。これをシノワズリーという。これまではシノワズリーとの比較においてジャポニスムの方が西洋世界により根底的な影響を与えたのだとされてきた。だが、拙著『シノワズリーか、ジャポニスムか——西洋世界に与えた衝撃』において明らかにしたように、もはやこうした通説は維持しえない。ジャポニスムの評価に当たってはむしろその前に起こったシノワズリーの役割を重視しなければならない、あるいはシノワズリーとジャポニスムとの相互連関を重視した評価を行う必要がある。こうした理解を前提として、改めてジャポニスムについて語らねばならないのである。

また、近年ジャポニスム研究はますます盛んである。二〇一三年に大英博物館で「春画展」が開催されたが、こうした動きもあってか、ジャポニスム研究により一層深みが増してきたようにも思われる。これらの新しい研究も参照しながら、ジャポニスムと呼ばれる、一五〇年ほど前の日本が文化的に輝いていた時代について語りたい。

このようなジャポニスムに関する著書を構想中に、高校生を対象として「歴史総合」なる科目を新たに設けるというニュースを耳にすることになった。報道によれば世界史が必修でなくなり、グローバルな視点で日本の歴史を捉える狙いを持つとされる、この科目が設置されるのだという。世界史が学ばれなくなるとすれば、グローバルな人材の育成という意味では不幸なことだろう。だが、世界史の枠組みで近現代の日本を理解することは大いに必要なことである。そして、ジャポニスムは日本の近代史をグローバルに捉えるには格好の教材である。「歴史総合」なる科目が意味を持つためには、当然ジャポニスムがそのひとつの軸に据えられるべきだろう。

では、現在高校の授業ではどうなっているのだろうか。最近の世界史の教科書はシノワズリーという用語を載せているようである。ジャポニスムに関しても日本史の教科書で取り上げているものもあるようだが、一部の教科書に限られ、多くの教科書にはジャポニスムの用語は載っていないようだ。ジャポニスムは高校では十分には教えられていないようである。しかし、高校で使用される資料集などには簡単にではあるが取り上げられているので、見識のある先生方が自己の裁量で説明することはあるだろう。とはいえ、すべての生徒がそういう先生方に出会う機会に恵まれるわけではあるまい。だからであろうか、大学生であっても、ジャポニスムという用語はなんとか分かっても、その意味内容になると十分には理解していない者の方が多いように思われる。

「歴史総合」が新たに設けられるこの機会に、是非ともジャポニスムを高校で教えるべきであろう。では、具体的にどのように取り上げればよいのか。高校でジャポニスムを取り上げるべきだと主張する以上、この問題について見取り図くらいは提示するべきだろう。本書の後半に筆者の試論を述べておいた。

日本の近代をジャポニスムを通して学ぶことは、日本の美術工芸品が、より広く日本の文化が西洋世界に与えた衝撃という問題だけではなく、むしろジャポニスムが日本にとってどのような意味を持ったかという問題についても考えることになるだろう。

なお、本書での文献、資料の引用にあたっては、旧字体を新字体に改めた。

（1） Iris-Aya Laemmerhirt, *Embracing Differences: Transnational Cultural Flows between Japan and the United States*, Transcript Verlag, 2013.

ジャポニスムと近代の日本　目次

ジャポニスムと近代の日本

Ⅰ部　ジャポニスム

1章　ジャポニスムとは何か

1　クールジャパンとジャポニスム

先にクールジャパンについて触れたが、ジャポニスムとの関係について少し触れておこう。クールジャパンもジャポニスムもともに日本ブームと呼んでもよいであろうが、いうまでもなく両者を同じ現象だと見なすわけにはいかない。幕末から明治期にかけての日本は世界にほとんど知られていない、極東の弱小国家であった。一方で、現在の日本は世界の経済大国であり、日本を知らない人はむしろ珍しい。これだけでも両者が同じものだとは到底いえない。「はじめに」において「ハラジュク　ガールズ」について、オリエンタリズムや文化帝国主義という批判があると述べた。こうした批判がある程度までは有効であるとしても、それがより有効なのはどう考えても日本と世界、とりわけ欧米との力関係に大きな差があった時代であろう。もちろん、こうした時代であっても相互的な文化の交流は可能であり、つねに一方的な関係が生じたわけではない。そして、対等な力関係のなかではオリエンタリズムや文化帝国主義はますます認めにくい。ただし、現代においても日本とアメリカの関係が文字通り対等であるとは言い難いので、たとえば「ハラジュク　ガールズ」についてステレオタイプ化した日本人バックダンサーとステファニーとの関係にそうした不平等な権力関係が反映しているといった議論は可能である(1)。

本書では、クールジャパンを、ジャポニスムへのいわば入り口として位置づけておきたい。現在の日本の様々な文化が世界の注目を集めていることを知り、そこから遡り幕末・明治期の日本の様々な文化が欧米の人々の垂涎の的となり、一大日本ブームが起きていたことを知るのである。世界から注目される「カワイイ」と称されるような、日本のファッションに関心を持つ者は、ジャポニスムの時代にキモノが欧米の女性たちを、そして男性を魅惑していたことに関心を持つかもしれない。和食が世界の人々を魅了していることに関心を持つ者は、「日本サラダ」がサロンに集うような女性たちの話題の的であったことに興味を覚えるであろう。漫画やアニメの愛好者にとっては、葛飾北斎の傑作『北斎漫画』（二〇頁、図6）が印象派などのジャポニスムの時代の芸術家を強く惹きつけていたことに大いに心を動かされるのではなかろうか。

現在のクールジャパンから幕末・明治期のジャポニスムへと眼を向け、さらに現在の日本へと帰ってくる。そうすれば、クールジャパンがまた違って見えてくるはずである。

2　ジャポネズリーとジャポニスム

では改めてジャポニスムとは何かについて説明しておこう。その際、問題になるのがジャポネズリーとジャポニスムの関係である。とくに美術史を専門とする研究者は、このふたつの現象を峻別することが多い。ここで、ジャポニスム学会が編集した『ジャポニスム入門』を見てみよう。この論集は、日本のジャポニスム研究者が英知を結集したものである。この巻頭に日本の美術史研究の重鎮、高階秀爾による序「ジャポニスムとは何か」が置かれている。この論考によれば、ジャポネズリーは「異国の珍しいものへの関心をとくに強調するニュアンスが強い」。これに対し、ジャポニスムは「むろんそこにエキゾティスムの要素が大きな部分を占めているとしても、それのみにとどまらず、そこに見られる造形原理、新しい素材や技法、その背後にある美学または美意識、さらには生活様式や世界観を含む広い範囲にわたる日本への関心、

◀図１　ゴッホ『ジャポネズリー』（1886〜88年）

▶図２　広重『名所江戸百景　亀戸梅屋舗』（1856〜58年）

および日本からの影響が問題とされる」とある。もう少し具体的に両者の差異を説明しよう。「ゴッホが日本の浮世絵に惹かれて〈タンギー爺さん〉の背後に浮世絵を並べたり、あるいは広重の〈名所江戸百景〉のなかの〈亀戸梅屋舗〉を油絵で模写したり」することは前者である。しかし、「それによってゴッホが色彩の持つ表現力に目覚め、アルル時代以降のあの強烈な原色表現の世界へ移行していった」と論じるようになれば、後者である(2)。

かなり乱暴にまとめてみれば、ジャポネズリーは異国趣味であり、それを超えて初めてジャポニスムである、ということになるだろう。この論集は、このようにジャポネズリーとジャポニスムを区別したうえで、欧米各国のジャポニスムを論じている。

3　ジャポニスムの定義

本書では、もう少し広い意味でジャポニスムを考えたい。筆者が共感を覚えるのはつぎのようなジャポニスムの捉え方である。

日本熱とそれに関連した東洋熱の驚くべき点は、それが画家とデザイナーしか理解できないような奥義の領域にとどまらず広く行き渡ったことである。演劇を通じてそれらは全国にあまねく知られるようになった。また、広範な商業化を通じて、布地、ドレスのデザイン、個人的な装飾に至る広い範囲に渡る影響力を持った。国家行事用の街路の飾り付けに影響を及ぼし、公共建築物・博覧会会場・中流階級の家々の内装の重要な部分となった。安物の模造品は、さらに下層社会の家々を飾ることになった(3)。

これはイギリス帝国史研究の第一人者、ジョン・マッケンジーの『大英帝国のオリエンタリズム——歴史・理論・諸芸術』の一節である。ここにはジャポネズリーとジャポニスムの区別はない。マッケンジーはこの文中ではジャポニスムで

▲図３　「キジ狩り」(『パンチ』1893年10月28日号)　キジ狩りを日本風に描いたもの。あらゆる所に日本のモノが広まっている状況への風刺ともとれる。

はなく、日本熱 Japanese craze と表現しているが、本書においても右に引用したような一文によってジャポニスムを理解したいのである。

もちろん、こうしたジャポニスムの広がりは同時代人も認識していた。たとえば、フランスのジャポニスムを先導したゴンクール兄弟は、その一八六八年一〇月二九日付けの日記でつぎのように書いている。

　シナ美術愛好と日本美術愛好のこの趣味。この趣味を持ったのはわたしたちが最初だった。今日ではそれがあらゆる人に浸透し、馬鹿者や女性にも及んでいるが、わたしたち以上にそれを宣伝し、それを感じとり説きまわり、この趣味に他人を宗旨がえさせた者があったろうか[4](一部改訳)。

フランスでは前年の一八六七年のパリ万国博覧会で早くも日本ブームが起こったが、そのブームが翌一八六八年にさらに広がったようである。ようするに、日本ブームが社会の隅々にまで広まったことを、貴族趣味のゴンクール兄弟がいささか苦々しく見ているのである。こうした広がりを持った日本ブームをジャポニスムと考えたい。ただし、ジャポニスムの最盛期は、各国で事情は異なるもののヨーロッパ全体で考えればおそらく一八八〇年代頃であるから、フランスでもこれ以降さらにジャポニスムが深く広く浸透していくことになる。

ともかく、本書ではこれまで峻別されてきたジャポネズリーとジャポニスムを併せ持つ概念としてジャポニスムを定義しておきたい。このように定義することで、これまで見過ごされてきたいわゆるジャポネズリーが果たした役割をも明らかにできるはずである。

（1）Iris-Aya Laemmerhirt, *Embracing Differences*, p. 13. レマーヒルトもアメリカと日本との関係をオリエンタリズムや文化帝国主義によってではなく、より相互的な関係として理解すべきだと考えている。とはいえ、文化帝国主義はかなり複雑な概念である。この点については、ジョン・トムリンソン『文化帝国主義』（片山信訳、青土社、一九九三年）参照。また、エドワード・W・サイード『オリエンタリズム』（今沢紀子訳、板垣雄三・杉田英明監修、平凡社、一九八八年）批判については、ジョン・マッケンジー『大英帝国のオリエンタリズム——歴史・理論・諸芸術』（平田雅博訳、ミネルヴァ書房、二〇〇一年）参照。

（2）ジャポニスム学会編『ジャポニスム入門』（思文閣出版、二〇〇〇年）三〜六頁。

（3）ジョン・マッケンジー『大英帝国のオリエンタリズム』二〇八頁。

（4）『ゴンクールの日記』上（斎藤一郎編訳、岩波文庫、二〇一〇年）四三三頁。

2章　ジャポニスムはなぜ起こったのか

1　シノワズリーとの関係

シノワズリーとジャポニスムとの差異と類似

では、一九世紀後半、ほぼ開国の頃から明治維新への動乱期と呼んでもよいであろう、この時期にどうして日本ブームが起こることになったのであろうか。

まず問題にしなければならないのは、ジャポニスムとシノワズリーとの関係である。この両者の関係をどう捉え、両者をどう評価すべきかが、拙著『シノワズリーか、ジャポニスムか』の主題であった。したがって、この問題は詳しくは拙著に譲るが、ここでは本書に必要な限りで簡単に論じておきたい。まずは両者の関係について述べておこう。

ドイツのジャポニスム研究家、ジークフリート・ヴィヒマンは著書『ジャポニスム』において「シノワズリーとジャポニスムとの差異と類似についての十分な研究はなされていないが、多くの点でシノワズリーがジャポニスムへの道を切り開いたとは言える」と述べ、ジャポニスムに先立つシノワズリーの影響の重要性を示唆している(1)。じつは「シノワズリーとジャポニスムとの差異と類似について」の研究は十分どころか、ほとんどなされてきていない。ヴィヒマンの指摘ははなはだ重要なのであるが、ヴィヒマン自身も指摘にとどまっており、自らが指摘した諸点を具体的に明らかにしているわけではなく、どのように「シノワズリーがジャポニスムへの道を切り開いた」のかがよく分からないのである。さらに遺

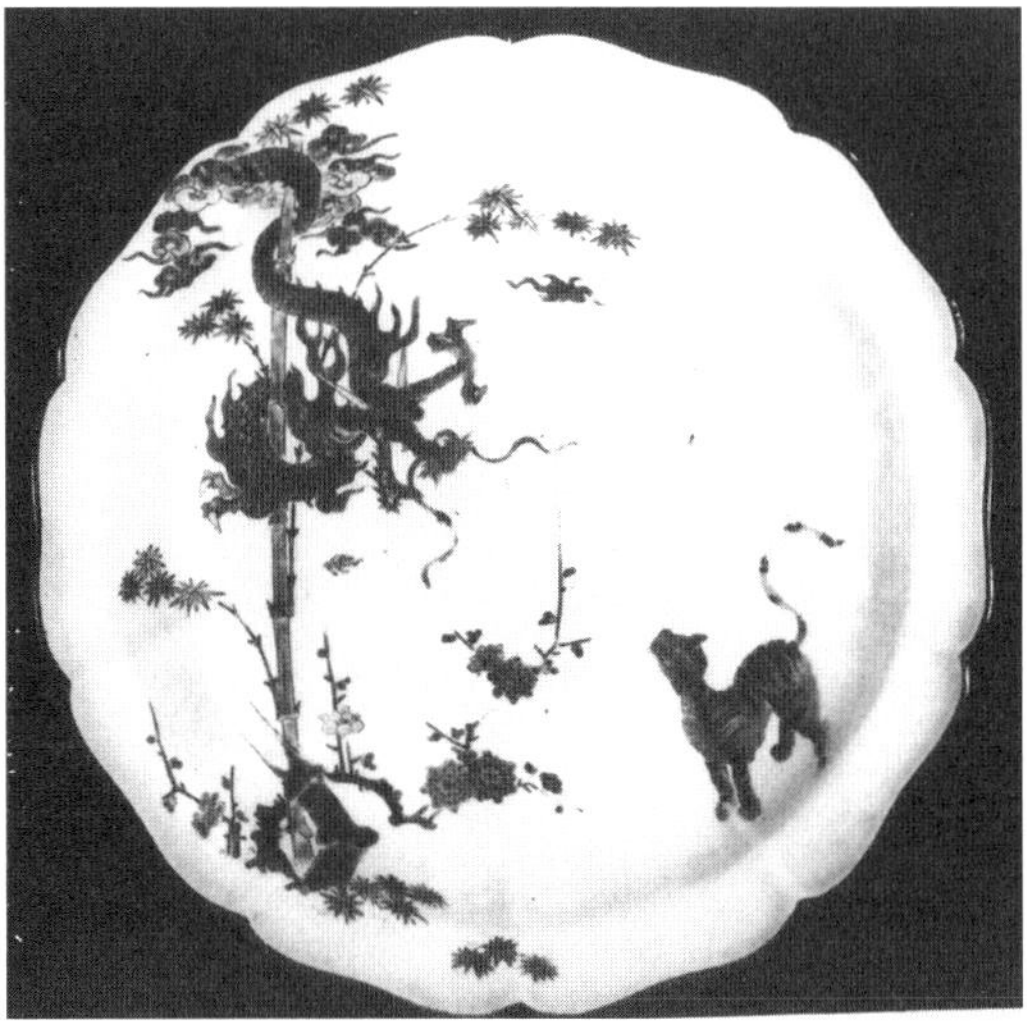

▲図４　柿右衛門の皿（1700年頃）　シノワズリーの時代に，この日本の柿右衛門様式がヨーロッパでもてはやされた。

憾なことに、こうした問題意識を持ったジャポニスム研究者はヴィヒマン以外にはほとんどいなかった。これまでのジャポニスム研究の多くは、こうした問題意識をほとんど持つことなしになされてきたのである。

「シノワズリーとジャポニスムとの差異と類似について」は、ジャポニスムの研究者よりも、むしろシノワズリーの研究者の方が多少なりとも意識していたといえるかもしれない。シノワズリーの研究者は、シノワズリー研究の一環としてジャポニスムについても触れているからである。ヒュー・オナーやオリバー・インピーなどの著名なシノワズリー研究者たちが、ジャポネズリーやジャポニスムを取り上げている。ところが、彼らの研究はあくまでもシノワズリーの枠組みのなかでのものであり、「シノワズリーとジャポニスムとの差異と類似について」の研究としては、はなはだ不十分なものであった。彼らの研究でも、どのようにシノワズリーがジャポニスムを準備したのかがよく分からないのである。

オナーのシノワズリー研究を取り上げてみよう。オナーの『シノワズリー——カタイの幻影』は、一九六一年の刊行ではあるがシノワズリー研究としては、今なおこれを超える研究はないといっても過言ではないほどの、まさに古典的名著というべきものである。この著書の最後の章でジャポニスムを取り上げている。先ほどジャポニスムとジャポネズリーとの区別について論じたが、じつはオナーは著書のなかでジャポニスムではなくジャポネズリーという用語を使用している。しかし、オナーのいうジャポネズリーは単なる異国趣味を超えた概念であり、むしろ従来の狭い意味でのジャポニスムとして理解した方がよい。そこで、ここではオナーのジャポネズリーをジャポニスムと読み替えて論じることにする。

オナーは、ジャポニスムについてつぎのように述べる。「その歴史はより長く複雑なシノワズリーの歴史をミニチュアサイズで反映している」と。つまり、ジャポニスムはシノワズリーと比べれば、より単純で、短いが、ほぼ同じような現象なのだということになる。ところが、オナーによれば、両者には重要な差異があった。

一七、八世紀の画家や職人は彼らのパトロンの命令で中国の芸術についての彼ら自身の高度に個人的な解釈を生み出していたが、一九世紀の画家は彼ら自身が発見したオリエンタルのモデルにより控えめで受動的な精神的態度でアプローチした。彼らは日本の芸術が基づいている本質的原理を理解し、マスターしようとした。かくして日本は中国よりもはるかに深く、重要な影響をヨーロッパの様々な芸術に与えた。

この一文によってオナーのいうジャポネズリーとは従来の意味でのジャポニスムのことだと了解されよう。つまり、オナーによればジャポニスムは「短命な流行ではあったが、その影響力は驚嘆すべき潜在力を持ち、英仏のあらゆる装飾芸術に浸透した」のだ(2)。

ようするに、シノワズリーとジャポニスムとは似たような現象であるけれども、シノワズリーよりも期間が短かったジャポニスムの方が西洋世界にはるかに重要で、深遠な影響を与えたのだというわけである。オナーは、「シノワズリーとジャポニスムとの差異と類似について」このように理解していることになろう。ジャポニスムだけしか研究しようとしないジャポニスム研究に比べれば、シノワズリーとジャポニスムの差異と類似を理解しようとしている点で、オナーの研究は高く評価されるべきである。ところが、やはりここからは、シノワズリーからジャポニスムへの道筋が見えてこないのである。

オナーの研究はあくまでもシノワズリーの研究であり、シノワズリーとジャポニスムの関連を探るというような問題意識には乏しい。ただし、この問題へのヒントは述べられている。オナーは一八六〇年代にシノワズリーがジャポニスムに取って代わられたと述べた後、つぎのように続ける。「ジャポネズリーはすでに一八世紀のカルトの虜になっていた人々の多くにアピールした。ゴンクール兄弟がその両方の流行の熱烈な信奉者であり、かつ宣伝係であったのは偶然ではない」[3]と。「一八世紀のカルト」とは、もちろんシノワズリーのことだと理解すべきであろう。ゴンクール兄弟は、一章で引用した日記の一節に見られるように、いうまでもなくフランスのジャポニスムの先導者である。とくに兄のエドモンには、喜多川歌麿や北斎についての著書まである。このゴンクール兄弟が、またシノワズリーにもかかわっていたというのである。だからこそジャポニスムの先導者になれたということであろう。

このオナーの一文から単純に読み取れるのは、中国のモノに馴染んでいた者は日本のモノにも馴染みやすかったということだろう。この意味でシノワズリーとジャポニスムに連続性があるということだろうか。もう少し先に進んでみよう。この一文をヒントに、シノワズリーとジャポニスムとのより重要な関連性を考えてみたい。つまり、ジャポニスムがヨーロッパで広まり、重要な影響を与えたのは、じつはその前にシノワズリーが十分に地ならしをしていたからだと考えたいのである。もちろん、このようなことをオナーが主張しているわけではない。だが、こう主張すべき根拠がある。それが拙著『シノワズリーか、ジャポニスムか』で紹介した「文化史のリオリエント」と呼ぶべき研究動向である。

文化史のリオリエント

「文化史のリオリエント」の前に、リオリエントの議論を紹介しておかねばならない。リオリエントとは、アンドレ・グンダー・フランクが一九九八年に『リオリエント――アジア時代のグローバル・エコノミー』で展開したように、少なくとも一八世紀までは世界経済の中心はアジア、とりわけ中国であったという、西洋中心史観に馴染んでいる者にはかなり衝撃的な主張である。世界史における近代は、イギリスやフランスなどの西洋諸国が覇権を握った時代だというのが通説的な理解であろう。しかし、フランクらによると、中国やインド、あるいは日本の経済的な力を正当に評価すれば、少なくとも一七、一八世紀のアーリー・モダンの時代はアジアが優越的であったと見えるのである。フランクらと書いたが、こうした主張は二〇〇〇年に『大分岐──中国、ヨーロッパ、そして近代世界経済の形成』を発表したケネス・ポメランツによってもなされている(4)。

リオリエントとは、ようするに一八世紀までは中国を中心とするアジアこそが世界を経済的に支配していたのであり、このことを明確に認識し、評価すべきだという主張である。こうした議論を文化史の方でも展開しようというのが「文化史のリオリエント」である。二〇一〇年に『一八世紀イングランドにおける中国趣味』を著し、こうした研究をリードしていくであろうデーヴィッド・ポーターの議論を少し紹介しておこう。ポーターはまずフランクらの議論を全面的に支持する。「ポメランツ、フランクらが論じたように、イングランドは、グローバルかつマクロ経済的な展望で見るならば、一八〇〇年まで、概して中国中心の世界貿易体制の周辺に位置していた」と。そのうえで、ポーターは中国の美学、より広く文化が一八世紀のイングランドに、そしてヨーロッパにおけるモダニティの形成に決定的な影響を与えたのだという。つまり、中国は経済的にも、文化的にも従来考えられてきたよりもはるかに重要な役割を演じたのだと主張するのである。ポーターによれば、「アヘン戦争以来の歴史的時間で考えれば、中国は今何世紀も前に享受していた国際貿易と美的文化の優越的地位に戻りつつあるだけである(5)」。

このように中国の美学、より広く文化が一八世紀に、そしてそれ以後もイングランド、さらにはヨーロッパ世界に重要な影響を与えていたのだとすれば、一七、一八世紀に見られた中国ブーム、つまりシノワズリーにしても従来考えられてきたよりもより重要な役割を演じたのだと理解できるだろう。さらに、シノワズリーがこのように重要な役割を果たしたからこそジャポニスムもありえたのだと考えてもおかしくはないだろう。「文化史のリオリエント」の一翼を担うエリザベス・ホープ・チャンは、ポーターの著書と同じ二〇一〇年に出版された『イギリスの中国人的な眼──一九世紀イギリスにおける文学、帝国、美学』でつぎのように述べている。

一九世紀末に……グローバルパワーのなかで生じた再編成がイギリスの想像力のなかに占める中国の立場を変えた。多くの近代の批評家の精神のなかでは、日本、そして遅れてアフリカが中国の役割に取って代わった。……しかし、日本やアフリカの影響力が今や中国のそれに取って代わったように見えても、そのことは中国が提供した根本的構造なしには不可能であった。(6)

中国が提供した根本的構造

チャンもこれまで以上に中国の文化的な力を評価すべきだと考えている。チャンの著書の副題には一九世紀とあるが、彼女の議論は、一七四三年に書かれたフランスのイエズス会士アッティレが、清の皇帝雍正帝の造営した円明園を褒め称える手紙から始まっており、彼女が評価すべきだとする中国の文化的な力は一八世紀半ばからのものと考えられる。とすると、チャンがいう「中国が提供した根本的構造」とはシノワズリーによるものというべきだろう。とはいえ、彼女はシノワズリーを「エキゾティックな装飾の様式へのヨーロッパの人々の嗜好(7)」といった通説的な定義で捉えており、シノワズリー自体は高く評価していない。しかし、その一方でチャンは、柳模様 willow pattern（六五頁、図31）と呼ばれる一八世紀半ばにイギリスで考案された陶磁器の文様が、イギリス社会へ中国の美的文化が広がるのに決定的な役割を果たしたとも考えている。じつは、この柳模様がまさしくシノワズリーの産物なのである。結論的なことをいえば、チャンはこれまでの通説的なシノワズリーの定義と評価に囚われ、シノワズリーを正当に評価できていない。シノワズリーをヨーロッパ社会に対する中国の美的文化の影響と捉えれば、このシノワズリーこそが彼女の強調する「中国が提供した根本的構造」をもたらしたことになるだろう。

少々回り道になったが、先のチャンの一文は、ようするに一七、一八世紀、場合によっては一九世紀の前半までシノワズリーの時代であったが、一九世紀後半以降にジャポニスムやプリミティヴィズムに取って代わられたのだという、よく知られた通説を述べたものなのである。チャンの議論のユニークさは、一九世紀後半以降にジャポニスムやプリミティヴィズムが西洋世界に大きな影響を与えることになったのだとしても、それはまさしくここで定義したようなシノワズリーがそのための地盤を提供したからなのだと主張するところである。

ただし、チャンは何とも不可解だが、プリミティヴィズムという用語は使用しているが、ジャポニスムという用語は使用していない。だが、後に紹介するフランスの版画家フェリックス・ブラックモンの『北斎漫画』発見のエピソードなど、通常はジャポニスムとして語られる問題について触れている。ようするに、ジャポニスムという用語を避けているが、実際にはジャポニスムを論じているのである。

また少し回り道をしてしまったが、ジャポニスムが起こる前に、シノワズリーが西洋社会に決定的な影響を与えていたということである。このようなシノワズリーとジャポニスムの関連性を考えておかねばならないのである。だからまた、オナーのように「かくして日本は、中国よりもはるかに深く、重要な影響をヨーロッパの様々な芸術に与えた」などと断言できるのか慎重に検討しなければなるまい。

じつは、これまでのシノワズリーとジャポニスムの評価は、オナーの評価が雛形になったといってもよい。つまり、これまでは、シノワズリーはジャポニスムよりもはるかに長い歴史を持ちながらも、きわめて短い歴史しかないジャポニスムに比べて、そのヨーロッパへの影響は、ごくささやかなものであったという評価が支配的だったのであり、日本での評価も同様であった。高階秀爾はある雑誌（『芸術新潮』一九八八年一一月号）の鼎談でつぎのように述べている。「……少なくとも日本との出会いによってヨーロッパの伝統が大きく変わったことは、歴史的な事実なのです。これに対して、シノワズリーや東方趣味というのは、ヨーロッパの枠組みに取りこまれてしまっていると思うのです。……ルネサンス以来のヨーロッパの様式の中におさまっているのです」と。

しかし、もはやこのような評価はそのままでは通用しないであろう。ジャポニスムが西洋世界に重大な影響を与えたとしても、その影響はシノワズリーのおかげでもあると考えねばならない。ジャポニスムの前提としてシノワズリーを考えておかねばならないということである。

拙著は「シノワズリーか、ジャポニスムか」と問うたわけであるが、どちらが西洋世界への影響において決定的であったかについては留保した。これについては、もう少し研究が必要である、としておいた。見通しを述べれば、シノワズリーがまずはかなり重要な地ならしを行い、いわゆるジャポニスムの時代に日本の美術工芸品や文化が単独でというよりも、むしろそこに中国のモノを含みながら西洋世界に衝撃を与えたということになろう。だが、そこでは中国的なモノの影響はさほど意識されることはなかった。この時代はシノワズリーにとっていわば逆風が吹いていたからである。

つぎに、万国博覧会とジャポニスムについて述べるが、ようするに、この万博の場で日本の美術工芸品が賞賛され、日本ブームが起きるということである。だがその際、そもそも中国はこの万博を重視せず、その展示に力を入れていなかったことを知っておかねばならない。ここでの日本の勝利はいわば不戦勝のような側面もあったのである。シノワズリーをもたらすことになる中国の美術工芸品のなかには日本の美術工芸品も含まれていたが、同様にジャポニスムをもたらした日本の美術工芸品のなかにも中国の製品が含まれていたはずである。ところが、この時代には中国の文化に注目することを困難にする状況のなかで、日本の美術工芸品だけがもっぱらもてはやされたのである。もちろん、この時代の日本の美術工芸品には中国の製品よりも優れていた製品が多かったことは十分考えられる。だが、そうだとしても、中国の製品が日本の製品に比べて不利に比較されたことは間違いないのである。

このように、シノワズリーは、たしかにジャポニスムを準備したのかもしれない。しかし、シノワズリーがジャポニスムをもたらしたと主張することはできないだろう。では何がジャポニスムをもたらしたのか。

2　万国博覧会との関係

万博での日本芸術の発見

ブラックモンの『北斎漫画』発見のエピソードをジャポニスムの重要な要因だと考える人々もいる。ブラックモンが版画家オーギュスト・ドラートルの家で、日本から送られた陶磁器の包装紙や緩衝材などとして使用されていた『北斎漫画』（二〇頁、図6）を発見し、これをエドゥアール・マネ、エドガー・ドガ、ジェームズ・マクニール・ホイッスラーら彼の周辺にいた画家たちに喧伝することで日本熱が起こったという説である。西洋世界と東洋世界の美術の出会いというテーマの先駆的研究者の一人であるマイケル・サリバンは、この『北斎漫画』の発見が「パリにおける日本熱の誕生のシンボル」となった、と述べている。[8]日本におけるジャポニスム研究の先駆的業績である『ジャポニスム――印象派と浮世絵の周辺』を著した大島清次もブラックモンの『北斎漫画』の発見をジャポニスムの進化の重要な一契機と位置づけている。[9]

あるいは『北斎漫画』の発見はジャポニスムの一要因なのかもしれない。しかしながら、このエピソードだけでジャポニスムを語るわけにはいかないことは自明である。ジャポニスムには決定的に重要な要因があった。万国博覧会である。万博研究の第一人者ポール・グリーンハルは、つぎのように述べている。

西洋による日本の芸術の発見は、主として一八六二年以降の博覧会における展示によるものであった。この年日本の芸術はロンドンで大きなインパクトを与え、一八六七年にはパリで嵐を引き起こし、その後、一八七六年のフィラデルフィア、一八七八年、一八八九年のパリ、一八九三年のシカゴでも同様に大きな刺激を与えた。[10]

グリーンハルがどうしてここに一八七三年のウィーン万博を含めていないのかはよく分からないが、ウィーン万博を含

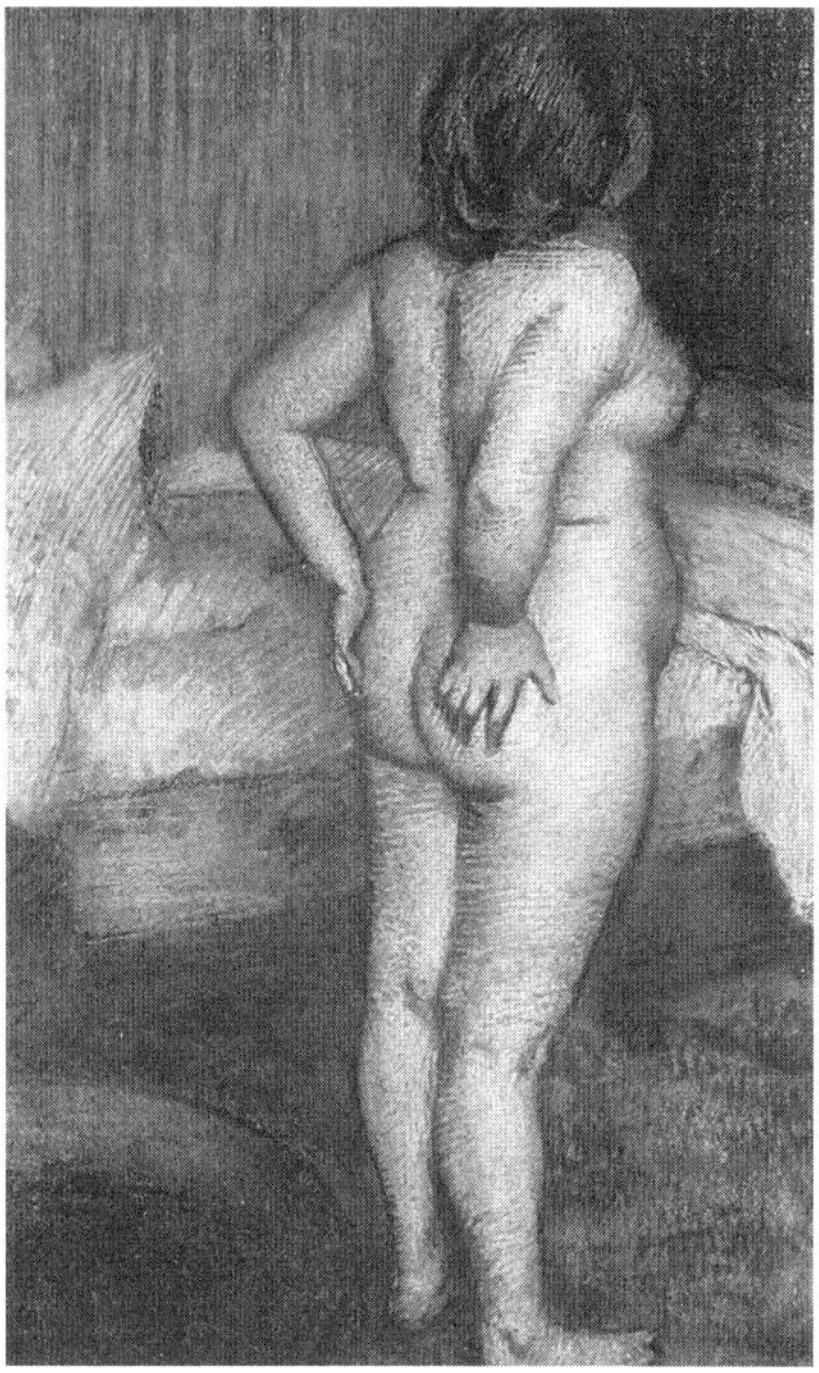

◀図５　ドガ『裸婦　後ろ姿』（1886年）

▶図６　「相撲取り」『北斎漫画』　図５と比べて欲しい。

めて一九世紀後半に開催された万博こそがジャポニスム誕生の主要な原動力だったのである。これらの万博に展示された陶磁器、漆器、竹製品、各種の紙、あるいは浮世絵などの様々な日本の展示品がヨーロッパの人々を驚愕させ、日本への憧憬を抱かせることになった。

以下において、一八六二年のロンドン万博と一八六七年のパリ万博、一八七三年のウィーン万博、そして一八七六年のフィラデルフィア万博について少し具体的に説明しておこう。

一八六二年ロンドン万博

グリーンハルが指摘するように、「西洋による日本の芸術の発見」は、たしかに一八六二年のロンドン万博に始まる。しかしながら、それ以前の一八五一年にロンドンのハイドパークで開催された最初の万博、いわゆる大博覧会においてすでに日本の製品は展示されていた。ただこのときは、中国の展示品に日本の製品が紛れこんでいただけであり、それが日本製品として認識されることはなく、おそらくジャポニスムに関してはほとんど影響はなかったであろう。しかし、一八五三年に開催されたダブリン大産業博覧会では日本の展示があり、しかも当時人気のあったイラスト入り新聞『イラストレイティッド・ロンドン・ニュース』（以下、『ロンドン画報』とする）にかなり大きく取り上げられていたのである。

したがって、一八六二年以前にもイギリスの人々は日本製品をある程度は見る機会があったということになるが、一八六二年のロンドン万博のインパクトはとりわけ大きかった。ただ、この万博は大博覧会に比べると成功と見なすことはできなかった。入場者こそ一八五一年万博をやや上回る六一〇万人を数えたものの、大博覧会のように余剰金が出るようなことはなかったし、概していえば、失望感が漂う結果になったのである。開幕直前に推進役のヴィクトリア女王の夫君アルバート公が急逝したこともあるが、「進歩の時代」の一大イベントとして大成功した大博覧会と比べられてしまうことで、この博覧会が霞んでしまったのである。(11)

▲図７　ダブリン大産業博覧会での日本の展示品（『ロンドン画報』1853年６月４日号）

しかしながらジャポニスムには、とくにイギリスでのジャポニスムにとってはこの万博はやはり決定的に重要であった。日本の展示は、この万博を訪れた人々に衝撃を与えたのである。とはいえ、『ロンドン画報』の図８（二三頁）で見る限り、さほどすばらしい展示品には見えない。実際、この展示を見た日本人の評判は概してよくなかった。じつはこのとき、江戸、大坂などの開港延期交渉のため福沢諭吉などを含む竹内遣欧使節団が、一八六二年四月三〇日にロンドンに到着し、翌五月一日の開会式に参加していた。この使節団の一行が日本の展示品を見物し、その感想を残していたのである。たとえば高島祐啓（幕府漢方表医師）は「日本ノ品ハ外国未曽有ノ奇物多トイヘトモ、惜《おし》ムラクハ彼ノ地ニ渡所皆下等ノ品多クシテ、各国ノ下ニ出シタルハ残念ナリト云フヘシ」と評し、淵辺徳蔵（勘定格調役）は「全く骨董店の如く雑具を集めしなれば見」るに堪えないと切り捨てた。展示品のなかに提灯、傘、木枕、蓑笠、草履のようなものまで並んでいたことが、この使節団一行には残念に、あるいは屈辱的に思われたようである。(12)

では改めて一体どのようなものが展示され、地元の人々にどう評価されたのかを見ていこう。この万博には日本が正式に参加したわけではなかったので、日本の展示は在日イギリス公使サー・ラザフォード・オールコックが中心になって行った。オールコックは、日本の文明を高く評価しており、日本での滞在記録である『大君の都』（一八六三年）でつぎのように断言する。

▲図８　ロンドン万博での日本の展示場（『ロンドン画報』1862年９月20日号）
いささか雑然とした印象を受けるだろうか。

　物質文明にかんしては、日本人がすべての東洋の国民の最前列に位することは否定しえない。機械設備が劣っており、機械産業や技術にかんする応用化学の知識が貧弱であることをのぞくと、ヨーロッパの国々とも肩を並べることができるといってもよかろう。

そして、ヨーロッパの人々に衝撃を与えることになる工芸品についてはつぎのように述べている。

　すべての職人的技術においては、日本人は問題なしにひじょうな優秀さに達している。磁器・青銅製品・絹織り物・漆器・冶金一般や意匠と仕上げの点で精巧な技術をみせている製品にかけては、ヨーロッパの最高の製品に匹敵するのみならず、それぞれの分野においてわれわれが模倣したり、肩を並べることができないような品物を製造することができる、となんのためらいもなしにいえる。

さらに、油絵や水彩画についてはヨーロッパの画家と比べられるような作品はないとしつつも、「人物画や動物画では、わたしは墨

▲**図9　「村の美人」『大君の都』上，冒頭の挿絵**　冒頭にこうした絵を配するところにオールコックの日本への心情が窺える。

でえがいた習作を多少所有しているが、まったく活き活きとしており、写実的であって、かくもあざやかに示されているたしかなタッチや軽快な筆の動きは、われわれの最大の画家でさえうらやむほどだ」と述べる[13]。

　これだけ日本の文明、美術工芸品に惚れ込んだ人物が日本の展示を手掛けたのである。オールコックは六一四点の日本品を「日本の部」として展示した。そこには、漆器類、刀剣甲冑などの金属製品、陶磁器、かごなどの民具、コマなどの玩具、書籍、肖像画、石版画などがあった。オールコックが編集したこの万博のための出品リストからめぼしいものをもう少し紹介すると、「金蒔絵の広蓋。大名の家紋入り、最高に美麗な品」、「日本女性の化粧入れ用、金象嵌と七宝の装飾品一組」、「婦人用のさまざまな模様付の懐紙」、「竹に彫った果物。鑿の完璧な巧みさと表現力を示した最もよい象牙の作品（根付）、二五点」などがあった[14]。この日本の展示場は、中国やシャムなどの展示場と隣接していた。**図8**には日本の展示場の隣にシャム SIAM と書かれたボードが見える。

　では、日本の展示は、現地の人々にはどう評価されたのか。まず、この万博を見学した竹内遣欧使節団の一行が見物の対象となった。サムライ姿の日本人が注目されないはずがなかろう。彼らのことは『ロンドン画報』（一八六二年五月三日、一〇日号）や風刺週刊誌『パンチ』（同年六月七日号）などで報じられた[15]。

　つぎにこの万博で展示された日本の美術工芸品の評価を見てみよう。この万博のガイドブックである『国際博覧会ポピュラーガイド』は日本の展示をつぎのように高く評価している。

ここには、われわれのコープランドやミントンが製造するものよりも、光沢と薄さではるかに優れているかの有名な卵殻磁器がある。……これらの製品は何世紀もの間ヨーロッパ文明から自らを閉ざしてきた人々の勤勉さと才能を証明している。[16]

また、一八五一年の大博覧会の開催に尽力したアルバート殿下を会長に戴いた芸術協会が発行した『芸術協会雑誌』の一八六二年二月七日号の記事「国際博覧会　今週の進歩」もほぼ同じような観点から日本の美術工芸品を高く評価している。

日本のすばらしい美術工芸品はきわめて多様である。それらの多くはヨーロッパの最高の職人の作品に匹敵するだけでなく、多くの点で勝っている。マンチェスター、バーミンガム、ロンドン、パリは、日本のコレクションのなかに彼らの工房では生産できないか、あるいは生産できたとしても実際に売ることができないほどコストがかかるようなものを見いだすであろう。……ここに選ばれたすべての作品は、ヨーロッパ人との接触によって援助を受けることが全くなかったと考えられる人々の競争的な生産能力と文明の進歩を明らかにすることになるだろう。[17]

このように、日本人自身の評価は厳しいものであったが、イギリスにおいては日本の展示はかなり高い評価を得たといえる。やはり、この万博はジャポニスムへの、少なくともイギリスでのジャポニスムの一大契機となったのである。

一八六七年パリ万博

パリでは、一八五一年の大博覧会の後、一八五五年に万博が開催されている。しかし、パリで日本ブームが起きるのは一八六七年のパリ万博においてである。この万博はナポレオン三世の後ろ盾を得たフランスの空想的社会主義者＝サン・シモン主義者の理想の実験場であった。[18]それもあってか大いに成功し、入場者数は九〇六万人を数えた。

日本は、このとき初めて正式に万博に参加した。そして、将軍徳川慶喜の弟、徳川民部大輔昭武が派遣されたのである。

▲図10　パリ万博で日本風茶屋にいた３人の柳橋芸者（『ロンドン画報』1867年11月16日号）

徳川幕府の命運が尽きようとしていたこの時期に、幕府に万博に参加する余裕があったはずはない。駐日フランス公使のレオン・ロッシュからの強い要請に応えて参加を決断したのである。しかし、この万博に参加したのは幕府だけではなかった。薩摩藩と佐賀藩も参加したのである。展示品は武器、楽器、家具、和紙、書籍、衣服、陶磁器、漆器、銅器、ガラス器、根付け、『北斎漫画』や歌川国貞の「向嶋乃夜桜」などの浮世絵、そして一〇点ほどの油絵などもあった。さらに三人の柳橋芸者が茶でもてなす日本風茶店もあった。この日本の展示については、森仁志の労作「一八六七年パリ万国博覧会における『日本』」を参照のこと。日本の出品について丁寧に調べ上げている。

では、ここでの日本の展示はどうジャポニスムと結びつくのであろうか。森の論文によれば、この万博では展示品に対してグランプリ六四、金メダル八八三、銀メダル三六五三、銅メダル六五六五、名誉賞五八〇一が授与されたという。そのうち日本へは紙・漆器・手細工物・養蚕に対してグランプリが与えられ、家具コレクションと繊維製品コレクションに名誉賞が授与されたという。(19) ただし、会期間中の日本品の売れ行きははかばかしくなかったそうである。こうした点から考えると日本の展示がパリで「大きなインパクト」を与えたのか、多少疑問を感じさせる。

まず、フランスのジャポニスムの先導者ゴンクール兄弟の反応を見てみよう。彼らの日記（『ゴンクールの日記』）には、もちろんこの万博についての記述がある。彼らも何回か万博見物に行ったようである。また、日本風茶屋にも行ったらしい。しかし彼らはどうも万博にはあまり好意を持っていなかったようである。万博が開幕するかなり前の、一八六七年一月一六日の日記に「万国博覧会、現存するものへの最後の止め、フランスのアメリカ化、芸術に対する工業優先」とある。ただし、彼らも万博をそれなりに楽しんでもいた。同年五月二七日の日記には彼らの楽しむ様子が描かれている。

まず亭《キオスク》という名の建物、次に回教寺院風の塔と丸屋根、そして灯台がパリの夜空をアジアのどこかの都の透明で柔らかい夜のたたずまいに変えていた。まるで日本の浮世絵版画のなかを歩いているような気分だった。

▲図11　パリ万博での日本の展示品　サウス・ケンジントン美術館(現，ヴィクトリア・アンド・アルバート美術館)が購入した作品。

万博会場は楕円形の本会場とそれを取り巻くように配置された庭園や各国のパビリオンからなっていた。彼らは各国のパビリオン、とくにアジア諸国のパビリオンが並ぶあたりを歩いていたようである。「浮世絵版画のなかを歩いている」というあたりに、彼らの浮かれた気分が感じられる。ところが浮世絵は出てきても日本の展示についてのコメントは見当たらないのである。ゴンクール兄弟は一八六一年の六月八日の日記に彼らが購入した日本の数枚のデッサンについて、「芸術としてわたしはこれほど見事で奇想天外ですばらしく詩的なものを見たことがない」と述べ、翌一八六二年の一月には「日本芸術もまたギリシャ芸術と同様に偉大なのだ」と断じている。[20] だから、彼らは日本の芸術を高く評価していることは間違いないのだが、この万博での日本の展示に関してはあまり評価できないということだろうか。とすると、やはりどうしてこの日本の展示が日本ブームを巻き起こすことになるのか、という疑問も浮かぶ。

結論をいえば、やはり日本の展示は賞賛されていた。先に紹介したように、この万博では日本の伝統的な紙、つまり和紙にグランプリが与えられた。今日の日本人にはあるいは意外に思われるかもしれないが、和紙がこの時代の欧米の人々に賞賛されていたのである。すでに一八六二年のロンドン万博のときに和紙は注目されていたのだが、[21] この万博でも『ロンドン画報』(一八六七年一〇月一九日号)の「パリ万国博覧会　日本」と題する記事が和紙を激賞している。

日本人の作る優良な紙は——九〇種類もあるが——この紙の時代においてですら、ヨーロッパ人にはまだ知られていないようなさまざまな目的に利用されている。彼らは、われわれがするように部屋に壁紙を張るだけでなく、紙の衣裳や、紙のハンカチーフや、かさも持っている。……さまざまな色の日本の紙のとてもすばらしいコレクションが博覧会に出品されていて、われわれにはまだ、それほど完全には知られていないこの国から来るすべてのものと同様に、大きな興味をそそるのである。[22]

この一文は和紙だけに注目しているが、日本の展示がより広く衝撃を与えていたことが分かる格好の文献がある。美術評論家のエルネスト・シェノーが一八六八年に出版した『絵画——彫刻、美術の分野で競う諸国民、一八六七年の博覧会』である。この著書はタイトルにあるように、この万博の各国の展示についてそれぞれの特質を明らかにし、それらが美術の未来にいかなる影響を与えるかを論じたものである。そこではもちろん日本の展示についても言及されている。ここで日本の展示がどう評価されているのかは非常に興味深いし、またこの万博での日本の位置づけも明らかになろう。日本の展示は総じてきわめて高く評価されている。一方で、西洋文明の影響を受けたようなものはむしろ酷評されることになる。展示品のなかに一〇点ほどの油絵があったと先に述べたが、これについてシェノーはつぎのように述べている。

われわれは、博覧会で、明暗法に基づく西洋的技法を用いて制作された日本人の絵画の試作品を見た。この最初の試みは哀れむべき凡庸さをもっていて、画学生の作品に似ている事実を偽り隠すことはできない。

シェノーにとっては、日本の美術界が西洋の影響を受けることはマイナスでしかない。それは高い価値を持つ伝統的な日本美術を台無しにすることに他ならない。そこで、シェノーはつぎのように続ける。「してみれば、時はまさに貴重である。まだ、その固有の価値が完全に消失しない間に、この美術の様々な実例を集積することができるし、それらに含まれる様々な教訓をそこから引き出すこともできるからである」と。

シェノーは日本の固有の美術が西洋の影響によって滅ぶであろうと考え、その前にその教訓を引き出してしまおうと促しているのである。こうしたシェノーの危機感は、当時、日本の美術工芸品を高く評価していた欧米の人々には珍しくなかったが、かなり早い時期のものであったといえるだろう。

では、シェノーはどのような日本の展示、美術を評価し、どういう教訓を引き出そうとしていたのだろうか。

日本の装飾の魅力をなすもの、それは、いつもその装飾の与え方に現れるファンタジーと奇想である。……これら五十、百、千に及ぶ日本の器物……すべてそれらは、まず第一番にすばらしい味わい、独創的な奇想、価値、各器物それぞれに固有の興味ある魅力をもっている。この最初の一瞥による驚きは何に由来するのか。明らかにシンメトリーが皆無だからである。

頗る魅力的な日本美術の一大特質はシンメトリーの欠如だというのである。これに対し、「フランスにあっての、われわれの装飾芸術家たちは、計算されたシンメトリー、形の均斉、そして線の堅苦しい並列主義からどうしても抜けられない」のである。ようするに、フランスはシンメトリーに縛られることによって発展を阻害されているのだから、日本からシンメトリーの欠如を学ばねばならないのである。

ここで一点付言しておく。以上のシェノーによる日本美術の賛美は、中国との対比のなかでなされたという点である。シェノーは中国と日本、中国人と日本人との違いを強調する。そして、日本への関心をシノワズリーと混同してはならず、中国とは違う日本独自の美術を評価しなければならないという。とはいえ、中国の美術を全く評価していないわけではない。「中国の装飾美術は、たしかにわれわれがうらやむほどの高度な美の領域に達していて、日本美術のなかにまで進出している」。このように中国の美術を高く評価しているのである。ところが、「日本人たちは、彼らの隣人たちのそうした装飾美術の成果のうえに、さらに一段の進歩を達成したのである」とし、この一段と飛躍した日本美術を見習えと勧めるのである。(23)

このように、シェノーは日本と中国の違いを強調するが、日本への関心とシノワズリーとが混同されやすいことを認めている点にも注目すべきだろう。彼は両者の差異を踏まえて、日本の美術を評価し、学べというのであるが、両者が混同されて評価されてしまうこともありうるということである。やはり、シノワズリーとジャポニスムの関連性をしっかりと検証する必要があるだろう。ともかく、シェノーは万博での日本の展示を見て日本の装飾美術を大いに賛美し、学べと力説したのである。

この万博の翌年、一八六八年一〇月二九日のゴンクールの日記には、すでに紹介した「シナ美術愛好と日本美術愛好」が「馬鹿者や女性にも及んでいる」との嘆きが記されていた。原著に従えば、シナ美術愛好はシノワズリーであり、日本美術愛好はジャポネズリーである。この一八六八年にはフランスで日本ブームが吹き荒れていたということである。とすれば、その大きな要因はやはり前年のパリ万博での日本の展示しかないであろう。一八六七年万博は、シェノーの言説に見られるように、たしかにパリに衝撃を与えていたのである。

一八七三年ウィーン万博

一八七三年にはウィーンで万博が開催されることになり、オーストリアでのジャポニスムが幕を開けることになる。この万博は、皇帝フランツ・ヨーゼフ一世の治世二五年を記念して開催されたものである。万博そのものは、ヨーロッパとアメリカにまたがる大不況が始まり、さらにはコレラが発生するなど、あまり盛り上がらなかったが、日本政府として初めて公式に参加した日本の展示はかなりの人気を集めた。日本としては、大隈重信が博覧会事務総裁に就任したことでも分かるように、国威発揚、貿易拡大を目的としてかなり力を入れたようである。

展示品は陶磁器、漆器、衣服、織物、竹細工、紙製品、生糸などの他に、名古屋城の金鯱、大仏の模型なども出品された。また、日本の展示区域内には神社や日本庭園も設けられたという。この日本の展示品に対しては、工芸品を中心に一九八の褒賞が与えられた。また、万博終了後に出品物を売りさばくために起立工商会社が設立された[24]。

では、こうした展示が当時のヨーロッパ世界にどういうインパクトを与えたのかを見ていこう。まず、ちょうどヨーロッパを視察中の岩倉使節団がこの万博を訪れているので、彼らの批評を紹介しよう。この使節団については記録が残されている。『特命全権大使米欧回覧実記』である。このなかに、「万国博覧会見聞ノ記」があ

▲図12　1873年ウィーン万博での日本の展示場入り口

る。まず彼らが万博をどう理解していたのかが気になるところである。彼らは万博を各国が自国の物産を持ち寄り、それらを互いに見ることで、自国産品の宣伝を行い、かつ他国の物産によって学ぶ所と理解しており、ほぼ正確に万博のなんたるかを知っていたといえるだろう。とりわけ興味深いのはつぎの一節である。「貿易ヲ盛ンニシ、政策ヲ励マシ、知見ヲ衆ニ広ムルニハ、切要ナル会場ニテ、国民ノ治安、富強ノ媒助《ばいじょ》トナス設ケナリ」。彼らは、やはり万博の意義をとりわけ貿易拡大、富国強兵といった観点から捉えていたようである。

各国の展示についても論評しているので、イギリスとフランスについての評価だけ見ておこう。「会場ニ於テ雌雄《しゆう》ヲ争フハ、英仏ノ両国」だからである。「凡仏国ノ物品ハ、英国トハ其趣キ異ナリ、英ハ質ヲ買フヘシ、価貴キモ久シキニタユ、仏ハ工ヲ買フヘシ、価廉ニシテ顔貌甚タ潤華ナリ」。これがイギリスとフランスについての評価である。イギリス製品は品質がたしかであり、丈夫である。これに対し、フランス製品は華やかで見た目が美しいというのである(25)。なかなか的を射ているではないか。

もちろん日本も論評の対象である。その展示についてはつぎのように述べる。「我日本国ノ出品ハ、此会ニテ殊ニ衆人ヨリ声誉ヲ得タリ、是其《これ》一ハ、其欧洲ト趣向ヲ異ニシテ、物品ミナ彼邦人ノ眼ニ珍異ナルニヨル、其二ハ近傍ノ諸国ニ、ミナ出色ノ品少キニヨル、其三ハ近年日本ノ評判欧洲ニ高キニヨル(26)」と。

エキゾティックな魅力によって日本の展示品は大いに人気を得ているということであろうが、近年日本の評判がよいというのは、すでにジャポニスムが始まっていたと考えてもよいであろう。使節団一行は、このことを認識していたということである。しかし、彼らは浮かれてはいない。自国の展示を冷静に見つめ、批判もしている。油絵などは「欧洲ノ児童ニモ及ハス」と切り捨てている。

では、日本人が賞賛した日本の展示をヨーロッパの人々はどう受け止めたのか。興味深いのは、彼らのこの万博の展示へのコメントには、欧米の展示品への日本の影響に関する点も含まれていることである。つまり、この時期にはすでに日

▲図13　イギリスの窯業メーカーウースター王立陶器製作所の陶磁器(『ロンドン画報』1873年11月11日号)　いかにも「日本的な」雰囲気を出そうとしている。

◀図14　日本の出展作品「色絵金彩草花図双耳瓶　薩摩」。

▲図15　ハンス・マカールト『日本の女』(1875年)　ランボーンは，この女性は『ベラミ』に登場するマレル夫人の雰囲気に近いという(3章注3参照)。

本の影響を受けたヨーロッパの作品が展示されていたのである。岩倉使節団の人々が認識していたように、たしかにジャポニスムが始まっていたのである。

> あなたがたがこの博覧会の装飾的作品、とくに陶磁器、木彫、貴金属を見て回れば、そこに圧倒的な日本人の観念の影響を見るだろう。外観のすばらしい優雅さと肌合いの驚くべき繊細さに出会えば、それは日本人の影響をうけた作品だと確信していいだろう。この流行には狂気じみたところもあるが、……この流行の美学的純粋さには間違いがない。

これは、一八七四年に出版されたイギリスの雑誌『ブラックウッズ・マガジン』に掲載された論文の一節である。「この流行」とは、もちろん日本趣味の流行であろう。日本の影響の広がりと深さが感じられる一文である。この後に「日本の展示場であなたがたは、かれらの作品の驚くべき優秀性を実感できます。……有名な陶器の肌合い、描かれた花々の色彩、そして鳥たちの羽毛の色合いは、スタフォードシャーの陶工とパリの芸術家たちの妬みと絶望をもたらす」と続く(27)。

スタフォードシャーは今も昔もイギリスの窯業の中心地である。たしかに日本の展示は「衆人ヨリ声誉」を得ていたようだ。

図13（三三頁）はイギリスのウースター王立陶器製作所の作品である。『ロンドン画報』はこの作品についてつぎのように解説している。

今、ここで問題にしている意匠は、日本の色彩のもつ「落ち着き」をすべて具えており、しかも対象のフォルムにおける西洋美術の線に添った一層正確な趣向との結合が見られる。明らかなことは、これらの意匠はすべて注意深い研究の主題であったということである。というのは、日本品の単なる模倣もあるのに、かの独特の形式のもつ「フィーリング」が把握され、しかも、それが非常に洗練された形で、またある熱心な美術研究家の知性の助けを得て、全面的に表出されているからである。[28]

ジャポニスムとジャポネズリーとの区別という議論からしても、少なくともこの『ロンドン画報』解説文から判断する限りでは、これはまさしくジャポニスムと呼べるだろう。とはいえ、図13に見られるこれらの作品は、日本の出展作品（三三頁、図14）に比べるといささか浮ついた感じがするのは否めない。

日本の扇子や団扇が売れに売れ、なんと一日に数千本売れたなどというジャポニスムとの区別にこだわる人々には、ジャポネズリーと判定されるエピソードもある。[29]ともかく、この万博はウィーンに大きな刺激を与え、後に現在のオーストリア応用美術博物館となる博物館がこの万博の直接的結果として生まれた、との指摘もある。そして、一八七五年に制作されたオーストリアの画家ハンス・マカールトの『日本の女』（三四頁、図15）は、ウィーンでのジャポニスムを象徴する作品であるという。[30]

このように、この万博もジャポニスムへの一要因になったことは間違いないが、ウィーンでのジャポニスムの本格的な広がりはもう少し後になる、との説もある。それによれば、ウィーンにおいてジャポニスムが確固たる基盤を持つのは、

▲図16　1876年フィラデルフィア万博での日本の展示場

▶図17　日本の展示作品　マリエッタ・ホリーの小説の主人公サマンサが見たのは，このような花瓶だったのかもしれない。

一八九七年におけるグスタフ・クリムトらウィーン分離派の登場と一九〇〇年における彼らの第四回展示会の頃だという[31]。

一八七六年フィラデルフィア万博

アメリカでの万博は、一八五三年のニューヨーク万博が最初である。だが、アメリカでのジャポニスムに大きな刺激を与えたのは、一八七六年のフィラデルフィア万博である。当時の万博は何かを記念して開催されることが多いが、フィラデルフィア万博はアメリカ独立百年を言祝ぐものであった。

日本は、この万博でも国威発揚という目標を掲げ、総裁には大久保利通が、副総裁には西郷従道が就任した。力の入れ方が分かるであろう。一九六六点の展示品があったが、陶磁器を中心とする工芸品が主であった。他には、漆器、扇、生糸、絹糸なども展示された。また、会場内には日本家屋や売店が建てられたという[32]。

こうした日本の展示がどのような評価を受けたのか。まず、『一八七六年万博公式カタログ』での評価を見ておこう。「主要な産業は絹製品と綿製品の製造である」とし、「鋳物、磁器、漆器、そして絹製品などの工芸品では非常に優れている。これらの作品のなかには、そのデザインとできばえにおいてヨーロッパの最上の作品に勝るものもある」と述べている。いかにもジャポニスムの時代らしい評価である。ただし、このカタログには他の国の評価もあり、中国についてもかなり好意的な見方をしていた。「製造業では見るべきものがある。磁器は中国人が作りだしたものであり、絹紡績は彼らが西洋に伝えたものである。中国で作られた漆器は、きわめて美しいが日本の製品よりも劣る。しかし、もっと微細な彫刻や象眼の作品では、中国人ほど優れた作品を作る者はいない」。ここでは、日本だけをとくに賞賛しているというわけではない[33]。

しかし日本を特別高く賞賛する、いかにもジャポニスムという評価もある。たとえば、マリエッタ・ホリーの『フィラデルフィア万博でのサマンサ』（一八七八年）である。ホリーは、今ではほとんど忘れられているようだが、当時のアメリカ社会では、かのマーク・トゥエインにも匹敵する人気があったというユーモア作家である。『サマンサ』シリーズで知られているが、その最初の作品がこれである。この作品では主人公サマンサが夫ジョシアとともにフィラデルフィア万博を訪れ、その展示品についてあれこれ意見を述べあっている。サマンサは、日本の展示場でつぎのような感想を述べる。

わたしの夫の背丈と同じくらいの高さの非常に愛らしいブルー・アンド・ホワイト（染付け、あるいは青花）の花瓶があった。金色のドラゴンの装飾が施されていた。紫と緑の花瓶もあった。黄土色のドラゴンの装飾があった。……わたしは夫のジョシアに、日本のことを忘れないようにこれらの花瓶をみんなわが家に持って帰りたいくらいだと言った。

さらに、「中国と日本はともに奇妙である。だが、日本の奇妙さは中国にはない想像的で芸術的な要素を持っている。本当に、日本人の想像力はわれわれには理解し得ない大きさと、重要性を持っている」と結論的なコメントを述べている。[34]

以上のように、万博は欧米でのジャポニスムの主要な舞台になったと考えてよいだろう。ただし、日本ブームが欧米の、より広い社会層に広まるには、たとえば一八八五年にロンドンでオープンした日本人村のような見世物的な興行も少なからず貢献したことを忘れてはならない。この日本人村については次章で取り上げよう。

3　その他の要因

ヨーロッパ内の状況

ジャポニスムについては、もちろんその他に様々な要因があった。その他の要因を簡単に見ておこう。

ヨーロッパで日本ブームが起こるのは、ヨーロッパ内にそれを受け入れようとする状況があったからでもあった。ヨーロッパの中国観研究の先駆者の一人、レイモンド・ドーソンは、『ヨーロッパの中国文明観』でシノワズリーのひとつの原因として、「この時期のヨーロッパ人は、芸術における古典的伝統の因習に飽き飽きしていた」ことを挙げている。そして、ヨーロッパの人々は、中国の陶磁器に見られるような、非実用的で、面白みのある、変則性にあこがれたのだという。[35] 同じような事情がジャポニスムでも見られた。

ヴィクトリア・アンド・アルバート美術館のアジア部門の副主任アンナ・ジャクソンは、つぎのように述べている。

一八六二年万博での日本の展示は建築家にしてデザイナーであったウィリアム・バージェスのようなゴシック・リバイバルの主導者に最大のインパクトを与えた。かれは、同時代の封建的な日本に中世の理想的社会が見いだせると信じた。[36]

当時のイギリス、より広くヨーロッパ社会ではゴシック・リバイバル、あるいは中世主義が見られた。ロンドンのセントパンクラス駅や産業革命の中心地であったマンチェスターの市庁舎などが、中世の大聖堂の建築様式であるゴシック様式で建てられているのはこの名残りである。こうした運動を展開した人々は、工業化が進展する社会に「飽き飽きして」おり、自国の中世社会に、さらには中世的世界が温存されているように思えた日本などに眼を向けたのである。

イギリスでの日本芸術の賛美者として知られる、中世主義者で芸術家のウォルター・クレインが一八九六年に出版した『書物と装飾――挿絵の歴史』に見られる一文を読めば、こうした事情がよく分かるだろう。クレインは開国後の日本の魅力をつぎのように語っている。

日本は建築を例外にしても、芸術と工芸にかけてはヨーロッパ中世を彷彿とさせたし、いまもそうである。というのも、驚異的なほど熟練した芸術家と工芸職人が、あらゆる種類の装飾芸術に従事し、自由で形式にとらわれない自然主義の伝統を守っていたからなのだ。ここには、少なくとも生きた芸術、民衆の芸術があり、伝統と職人芸は途切れることなく続き、魅力的な多様性、活気、自然主義的な力強さに満ち溢れた美術工芸品が生まれた。日本の生きた芸術、工芸が西欧の芸術家を夢中にさせ、以後その影響は歴然たるものがあったのも当然だろう。[37]

また、これに関連してマーティン・J・ウィーナが『英国産業精神の衰退――文化史的接近』で、イギリスについて論じたような、工業化に反発し、田園的世界に憧れる反産業的精神とジャポニスムとの関係も考えねばならない。

旅行記とジャポニスム

ジャポニスムの時代には多くの人々が世界を旅し、開国した日本にもやって来た。その人々が残した旅行記も日本に注目させる要因になった。幕末期には、日本を開国させたマシュー・ペリーの記録（『日本遠征記』）、中国と日本を訪問したエルギン伯爵の使節団の記録（『中国と日本へのエルギン伯使節団の記録』）、イギリスの初代駐日公使ラザフォード・オールコックの日本滞在記（『大君の都』）、少し変わったところではプラント・ハンターのロバート・フォーチュンの日本旅行記（『江戸と北京』）などが出版されていたし、明治期になれば日本旅行記、滞在記は枚挙にいとまがないほどである。

この時代の最も有名なレディ・トラベラーであるイザベラ・バードのように、かなり冷静に日本を観察した旅行家もいる。バードの一八七八年に日本各地を旅した記録『日本奥地紀行』には、最高の文明を持つと自負するヴィクトリア朝人の高見から、日本の奥地の、まさに文明の対極にあるとしか見えない未開で悲惨な状況が赤裸々に描かれている。そこでは、日本の景色の美しさにもたびたび言及があり、また彼女の日本の子どもたちへの愛情に満ちた眼差しも見られる。だが、記述全体としては日本を理想郷として感じさせることはできなかったであろう。しかし、この著作はむしろ例外的である。多くの日本旅行記は、日本を「東方の地中海の美しいキプロス」[38]、あるいは「この世のあらしと煩わしさから隔絶した他の世界の、静まりかえった片隅に安置されている夢想郷」[39]であるかのように描くことが多く、日本への憧憬を掻き立てることになった。そのあたりの事情が、オーストリア＝ハンガリー帝国外交官にして、文字通り世界旅行家と呼ぶに相応しいアクレサンダー・F・V・ヒューブナーが一八七三年に出版した『世界周遊記』に、じつにうまく描かれている。ヒューブナーは、ラザフォード・オールコックの『大君の都』、ローレンス・オリファントの『エルギン卿の中国・日本

▲図18 「小田原」 ベアトのアルバムより。いかにも日本への興味を掻き立てそうな風景である。

◀図19 「三味線を弾く娘」 ベアトのアルバムより。解説文には，三味線は「耳ざわりなだけ」とある。この時代の日本の伝統的な音楽を褒めた欧米人はほとんどいないのかもしれない。『ベルツの日記』で有名なベルツのような知日家でさえ，音楽としての三味線を理解できなかったそうである(40)。

使節記』、ルドルフ・リンダウの『日本周遊旅行記』などの「有益であると同時に愉快な書物」を挙げた後で、つぎのように述べる。

とはいえ、そうして語られていることはおしなべて、まったく新しい一世界にいきなり運ばれてきて感じたさまざまなことを、すべて語りつくせてはいないのである。日本にやって来た者は、誰しもわが目を疑う。歩みを進めるごとに、これはみんな夢ではないか、お伽話ではないか、千一夜物語の一挿話ではないか、といぶかることになる。それに、目にする光景があまりにも美しいので、雲散霧消してしまうのではないかと恐れるのである。(41)

写真とジャポニスム

また、この時代に日本を旅した人々が自国に持ち帰った写真、とりわけ「ナガサキ写真」や「ヨコハマ写真」などと呼ばれたアルバムも日本への憧憬を掻き立てたであろう。後には下岡蓮杖(一八二三〜一九一四)のような日本人写真家も活躍するが、この時代のプロの写真家の第一人者は、イタリア系イギリス人のフェリックス・ベアト(一八二五〜一九〇四)であった。ベアトの友人であり『ロンドン画報』の特派員として来日した、挿絵画家チャールズ・ワーグマンは、一八六三年に「私の家は、私のスケッチや私の仕事仲間B氏の撮った写真を見にくる日本士官たちで、ごったがえしている」と述べていた。

B氏とはもちろんベアトのことであろう。ベアトの写真はかなり早い時期から人気があったようである。しかし、写真の値段はやや高価だった。風景写真一枚が二ドル。一〇〇枚ほどのアルバムになると二〇〇ドルはしたようである。(42)

ジャポニスムにかかわった商人たち

ジャポニスムは、またビジネスにもなった。ヨーロッパの人々が渇望する様々な日本の商品を扱う商人たちがいたこと

◀図20　ボン・マルシェの内部　ゾラが『御婦人方の幸福』(1883年)を創作する際に手本にしたというフランスのデパート。

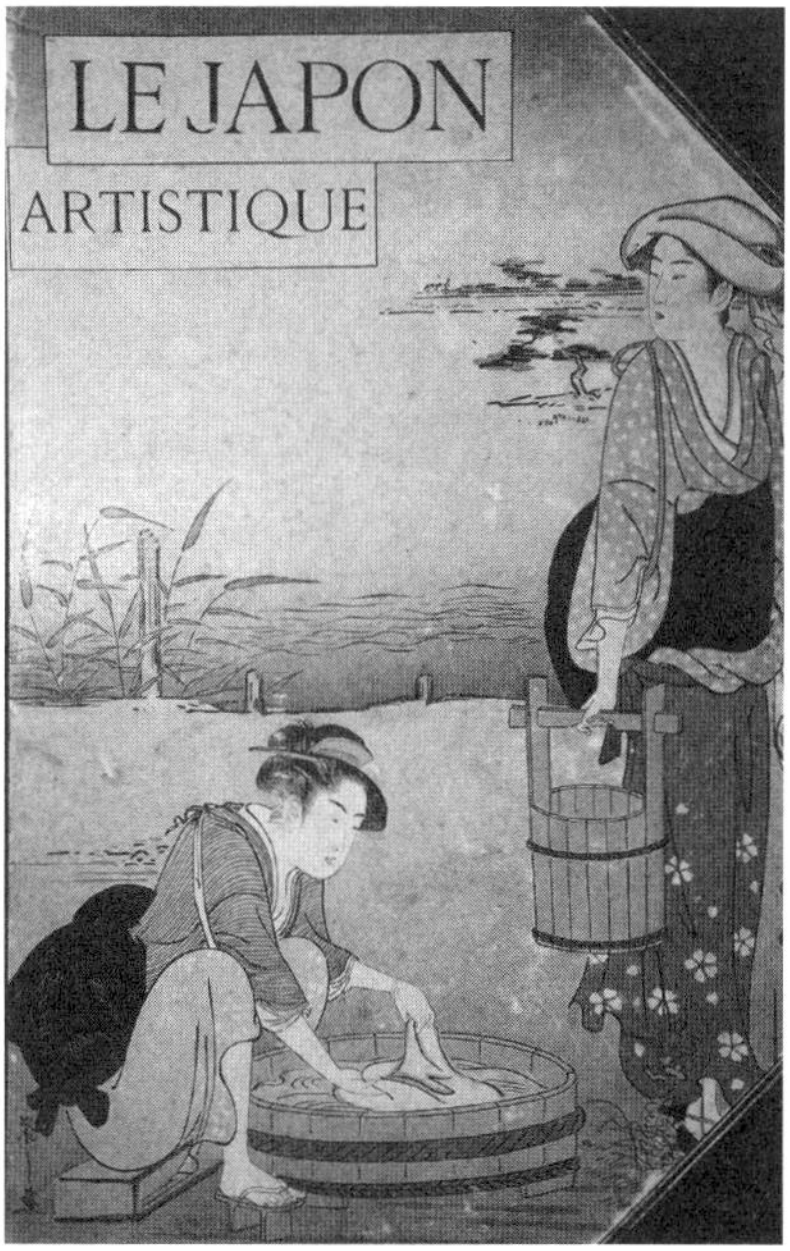

▶図21　『芸術の日本』第５号表紙(1888年９月)

はいうまでもない。この時代にはヨーロッパで「女性のための殿堂」、デパートが初めて登場し、世の中の消費のあり方を大きく変えることになる。エミール・ゾラの、デパートを舞台にした小説『御婦人方の幸福』（一八八三年）には、「女性をつかめば、世界を売ることだってできるのです」と信じる辣腕のデパート経営者であるムーレがこのジャポニスムに便乗し、うまく商売に利用する場面が描かれている。

だが中央大階段の踊り場で、日本の製品にまたしても足を止められてしまった。この売り場はムーレが遊び心から、採算を度外視して、まさにこの場所に古めかしい骨董品を提供する小さなテーブルを置いて以来、徐々に大きくなってきたのだ。ムーレ自身これほどの成功を収めようとは予想しなかった。スタートがこれほど慎ましかった売り場も珍しく、今では古いブロンズや象牙や漆塗り製品であふれ返り、年間一五〇万フランもの売上げがあった。旅行者たちはムーレの依頼で宮殿や寺院をあさり、丹念に探した。棚は常に増え続けた。それに売り場は常に新設された。冬の閑散期対策のために、一二月には試しに二つ新しく作られた。本の売り場と子供のおもちゃ売り場であった。必ずやこれらも後には大きく成長し、またもや近隣の商店を追い出すことになろう。日本製品の売り場がパリの芸術愛好家のすべてを客にするには四年間で十分だった。(43)

日本ブームはこうした商人たちのおかげでもあった。ロンドンには、かのアーサー・ラゼンビー・リバティが勤務していた一八六二年創業のファーマー・アンド・ロジャース社が、パリには一八六三年創業のドゥゾワ商店があった。一八七五年にはリバティが自前の店を開業し、この頃には『芸術の日本』（四三頁、図21）を刊行したことで有名な美術商のジークフリート・ビングも日本などのアジアの美術工芸品を扱っていた。一九〇〇年のパリ万博で日本の博覧会事務官長に就任した林忠正は、本来はヨーロッパで日本の美術工芸品を手広く売りさばく美術商であった。

ただし、これらの商人たちがただ自らの経済的利益だけを考えていたなどと誤解してはならない。フランスのジャポニスムの先導者であるゴンクール兄弟の兄エドモン・ド・ゴンクールが歌麿や北斎に関する著作を上梓できたのは、まさしく林の協力のおかげであった。エドモンの日記を読めば彼がいかに林を頼っていたかが明瞭に読み取れる。また、林がいかに献身的にエドモンに協力したか、エドモンが林からどういう情報を得ていたかまで、かなり詳細に知ることができる。そして、『芸術の日本』を読むならば、ビングやリバティらの経済的利益を超えた志を読み取ることができよう。ビングはその序論でつぎのように力説する。

どのような肩書きであれ、読者諸氏のように我国の産業美術の将来に関心を持つ人々の総てに、本誌は向けられているのである。それは我国のこの分野における生産に中心的な役割を果たしている人々、控えめな工場労働者から大企業の経営者までを対象としている。実際のところ我々は、東洋の最果ての地から渡来した芸術の新しい法則の中に、我国の瞑想好きな好事家のための精神的な規範以上の何ものかを探し求めようとしているのである。……新しい血を注ぎ込んで強化して行かない限り、我々はどうして活力を保ち続けて行けようか。(44)イギリス産業の未来のために、新しい日本芸術の法則を生かさなければならない。そうしなければ、イギリス産業の活力は保てないのだというのである。

ただし、これらの人々は必ずしも日本の美術工芸品だけを扱っていたわけではない。中国や、場合によってはインドなどの作品も扱っていたことを忘れてはならない。

(1) Siegfried Wichmann, *Japonisme: The Japanese influence on Western art since 1858*, London: Thames and Hudson, 1999, p. 8.

(2) Hugh Honour, *Chinoiserie: The Vision of Cathay*, New York, 1961, p. 207. オリバー・インピーもシノワズリー論のなかでジャポニスムを論じている。Oliver Impey, *Chinoiserie: The Impact of Oriental Styles on Western Art and Decoration*, Charles Seribner's Sons, 1977.

(3) Hugh Honour, *Chinoiserie*, p. 207.

(4) アンドレ・グンダー・フランク『リオリエント――アジア時代のグローバル・エコノミー』（山下範久訳、藤原書店、二〇〇〇年、原著一九九八年）四～五頁。ケネス・ポメランツ『大分岐――中国、ヨーロッパ、そして近代世界経済の形成』（川北稔監訳、名古屋大学出版会、二〇一五年）。

(5) David Porter, *The Chinese Taste in Eighteenth-Century England*, Cambridge U.P., 2010, pp. 5-6, 13.

(6) Elizabeth Hope Chang, *Britain's Chinese Eye: Literature, Empire, and Aesthetics in Nineteenth-Century Britain*, Stanford U.P., 2010, p. 179.

(7) Ibid., p. 28.

(8) Michael Sullivan, *The Meeting of Eastern and Western Art*, London: Thames and Hudson, 1973, p. 197.

(9) 大島清次『ジャポニスム――印象派と浮世絵の周辺』（美術公論社、一九八〇年）二一、二二、二九頁。

(10) Paul Greenhalgh, *Ephemeral Vistas: The Expositions Universelles, Great Exhibitions and World's Fairs, 1851-1939*, Manchester U.P., 1988, p. 148.

(11) トーマス・ハーディの短編「リール舞曲をひくフィドル弾き」には大博覧会こそが語るべき唯一の万博だと力説する老人の述懐が冒頭に置かれている。東田雅博「万国博覧会研究の最近の動向――グローバリゼーションと大博覧会」（『金沢大学歴史言語文化学系論集　史学・考古学篇』第三号、二〇一一年）参照。

(12) 宮永孝『文久二年のヨーロッパ報告』（新潮社、一九八九年）七八頁。淵辺徳蔵「欧行日記」（大塚武松編『遣外使節日記纂輯』第三、日本史籍協会、一九三〇年）四九～五〇頁。

(13) ラザフォード・オールコック『大君の都』下（山口光朔訳、岩波文庫、一九八一年）一四九、一七七、一七九頁。

(14) 宮内悊「第2回ロンドン国際博覧会と日本の出品物について」（『九州芸術工科大学一般・基礎教育系研究論集』四、一九七九年）。

(15) 東田雅博『図像のなかの中国と日本――ヴィクトリア朝のオリエント幻想』（山川出版社、一九九八年）一一九頁図七五。

(16) *Popular Guide to the International Exhibition*, London, 1862, pp. 153-155. https://books.google.co.jp/books/about/

The_popular_guide_to_the_International_e.html?id＝X6kHAAAAQAAJ&hl＝ja

（17） “Weekly Progress of the International Exhibition”, *Journal of the Society of Arts*, Feb. 7, 1862. http://onlinebooks.library.upenn.edu/webbin/serial?id＝jrsaukj

（18） 鹿島茂『絶景、パリ万国博覧会――サン＝シモンの鉄の夢』（河出書房新社、一九九二年）。

（19） 森仁志「一八六七年パリ万国博覧会における『日本』」（『戸定論叢』第三号、一九九三年）。

（20） 『ゴンクールの日記』上（斎藤一郎編訳、岩波文庫、二〇一〇年）一九七、二〇九、三八〇、三九九頁。

（21） 東田雅博『シノワズリーか、ジャポニスムか――西洋世界に与えた衝撃』（中央公論新社、二〇一五年）一五八～一五九頁。

（22） 『描かれた幕末明治――イラストレイテッド・ロンドン・ニュース日本通信 一八五三―一九〇二』（金井圓編訳、雄松堂出版、一九七三年）一六〇頁。

（23） 本章でのシェノーの引用はつぎによる。大島清次『ジャポニスム』八二～八五、九八頁。

（24） 伊藤真実子『明治日本と万国博覧会』（吉川弘文館、二〇〇八年）一八～一九頁。

（25） 久米邦武編『特命全権大使 米欧回覧実記』五（田中彰校注、岩波文庫、一九八二年）二二、二五、三三頁。

（26） 同右、四三頁。

（27） 東田雅博『大英帝国のアジア・イメージ』（ミネルヴァ書房、一九九六年）二〇九頁。Masahiro Tohda（ed.）, *Asian Images in the Nineteenth-Century British Reviews*, Vol., 2, pp. 696-699, 710, 712.

（28） 『描かれた幕末明治』一九六頁。

（29） 西川智之「ウィーンのジャポニスム（前編）――一八七三年ウィーン万国博覧会」（『言語文化論集』第二七巻第二号、二〇〇六年）。

（30） Tayfun Belgin, “Viennese Japonisme: From the Figured Perspective to the extensive Style”, in Gregory Irvine, ed., *Japonisme and the Rise of the Modern Art Movement: The Arts of the Meiji Period, The Khalili Collection*, Thames and Hudson, 2013, pp. 91-93.

（31）Ricard Bru. *Erotic Japonisme: The Influence of Japanese Sexual Imagery on Western Art.* 2013, p. 118.
（32）伊藤真実子『明治日本と万国博覧会』二二〜二四頁。
（33）*International Exhibition 1876. Official Catalogue*, Philadelphia, 1876, pp. 231-232, 235. http://books.google.com/
（34）Marietta Holley, *Josiah Allen's Wife as a P.A. and P.I. Samantha at the Centennial*, Hartforf, 1878, pp. 444-445. http://books.google.com/
（35）レイモンド・ドーソン『ヨーロッパの中国文明観』（田中正美他訳、大修館書店、一九七一年）一六七頁。
（36）Anna Jackson, "Art and Design: East Asia", in J. MacKenzie, ed., *Victorian Vision*, V & A Publications, 2001, p. 303.
（37）ウォルター・クレイン『書物と装飾——挿絵の歴史』（高橋誠訳、国文社、一九九〇年）一九四頁。
（38）ロバート・フォーチュン『幕末日本探訪記——江戸と北京』（三宅馨訳、講談社学術文庫、一九九七年）二一四頁。
（39）ローレンス・オリファント『エルギン卿遣日使節録』（岡田章雄訳、雄松堂出版、一九六八年）一頁。
（40）竹中亨『明治のワーグナー・ブーム——近代日本の音楽移転』（中央公論新社、二〇一六年）三七頁。
（41）アクレサンダー・F・V・ヒューブナー『オーストリア外交官の明治維新——世界周遊記〈日本篇〉』（市川慎一・松本雅弘訳、新人物往来社、一九八八年）九頁。
（42）横浜開港資料館編『F・ベアト幕末日本写真集』（横浜開港資料館、二〇〇四年）一七七〜一七九、一八七頁。
（43）エミール・ゾラ『ボヌール・デ・ダム百貨店』（伊藤桂子訳、論創社、二〇一二年）九七、五四二頁。
（44）S・ビング編『芸術の日本』（大島清次監修・芳賀徹・瀬木慎一・池上忠治訳、美術公論社、一九八一年）一四頁。

3章　ジャポニスムは何をもたらしたのか

1　文学のジャポニスムを中心に

文学とジャポニスム

ジャポニスムは何をもたらしたのか。こうしたタイトルで通常語られるのは、西洋の絵画やデザイン、建築などへの日本の美術工芸品の影響についてである。もちろん、ジャンルによって研究の濃度は異なる。たとえば、最近二〇一三年に出版されたグレゴリー・アーヴィン編著の『ジャポニスムと近代の芸術運動の台頭』において、アーヴィンはつぎのように述べている。

　日本の版画や絵画の印象派や近代芸術運動、あるいはその他の画家たちへの影響は十分に研究されている。しかし、本書では明治時代に作られた漆器、冶金、磁器、七宝などの工芸品が……日本の有名な絵画作品と同じくらい強力で重大な影響を西洋の芸術家や職人たちに与えていたことを示すであろう(1)。

日本の絵画作品の西洋世界への影響に比べて、日本の工芸品の影響については研究が十分ではないということであろう。もちろん、これまでも日本の工芸品の影響についての研究はなされてきているが、たしかに浮世絵の印象派への影響などに比べれば十分ではないかもしれない。

だが、ここでは文学作品を中心に取り上げよう。というのも、文学のジャポニスムについては工芸品の影響以上にこれまであまり語られてこなかったということもあるが、何よりもジャポニスムがこの時代の社会のなかにどう位置づけられ、どういう役割を果たしていたのかを見たいからである。このためには文学作品を取り上げるのが最も適切ではないかと思われる。このジャポニスムの時代に著された文学作品のなかに、ジャポニスムの様相がうまく描かれているからである。ここで取り上げるのは文学作品といっても小説である。そこに、ジャポニスムの状況を総合的に見ることができそうに思われる。そして、作品に現れる浮世絵や陶磁器などのジャポニスムに関連する問題について、その都度取り上げることにしよう。

文学のジャポニスムについての最初の本格的な研究は、おそらく一九二七年に出版されたW・L・シュワルツの『近代フランス文学にあらわれた日本と中国』であろう。マルセル・プルーストの作品におけるジャポニスムを研究したヤン・ホッキンソンが評したように、この研究は作家たちの日本や中国に関する言及のカタログという趣もある。[2] しかし、一八〇〇年から一九二五年までのフランスの作家たちの言及を丁寧に集めており、きわめて有益なものである。また、英米に関しては一九五八年に出版されたアール・マイナーの『西洋文学の日本発見』がある。この研究は日本を扱うじつに様々な作品を取り上げており、やはり非常に有益なものである。ただ、どちらかというと小説よりもエズラ・パウンドなどの詩人への言及が目立つように思われる。これらはかなり古い文献であるが、新しいところでは、二〇〇五年に出版されたアメリカに関する羽田美也子の『ジャポニズム小説の世界――アメリカ編』がある。この研究は、マイナーのいう「主題そのものを日本に求めた物語」を「ジャポニズム小説」と定義し、ヨーロッパの作品とアメリカの作品の違いを論じたものである。また、二〇〇五年にジャポニスムの研究を刊行したランボーンも「小説、舞台、オペラ」という章を設け、エミール・ゾラやギ・ド・モーパッサンなどの作品に現れた日本を紹介している。[3]

これらの文献、そして各作家についての個別の論文を参考にしながら、文学作品におけるジャポニスムを見ていこう。ただし本章では羽田のいう「ジャポニズム小説」は、ピエール・ロチの『お菊さん』(一八八七年)とジャコモ・プッチーニの『マダム・バタフライ』の原作であるジョン・ルーサー・ロングの『マダム・バタフライ』（一八九八年）以外は取り上げない。「主題そのものを日本に求めた物語」よりも、さりげなく日本に触れた作品を取り上げたい。その方が、社会におけるジャポニスムの状況をうまく読み取れそうに思うのである。また、「ジャポニズム小説」は『お菊さん』を例外として、あまり一般的には知られていない作品が多いように思われる。早川雪舟主演の無声映画になったとはいえ、メアリー・フェノロサ（一八六五〜一九五四）の『龍の画家』（一九〇六年）を知る者は希であろう。ある程度知られているのは、オノト・ワタンナ（一八七五〜一九五四）の『日本の鶯』（一九〇一年）くらいであろうか。とはいえ、羽田は、知られていないが故に取り上げ、その意味を論じたのであり、それは大いに評価されてよいだろう。たとえば、ヨーロッパの小説は「濃厚なコロニアリズムとオリエンタリズムが密接に絡み合いながら内在」しているのに対し、アメリカの小説は「親日的で日本紹介的なトーンが色濃い」という指摘などは興味深い。[4]しかし、ジャポニスムの時代におけるジャポニスムの様相を総合的に見るためには、やはりゾラやモーパッサンなどの著名な作家の作品を取り上げた方が有効であるように思われる。

ゴンクール兄弟

さて、ここでまず取り上げなければならないのは、やはりゴンクール兄弟であろう。先に見たように、何しろ彼らは日記で自分たちこそがジャポニスムの先駆者だと宣言しているのである。もっともこのときは、シノワズリーについても自分たちが先導したのだと述べている。シノワズリーとジャポニスムはゴンクール兄弟においても深い関わりを持っていたのである。この点は措くとして、ともかく文学の世界でジャポニスムといえばやはりまずはゴンクール兄弟を挙げるべきであろう。彼らはこの日記で日本のことをあれこれ熱心に語っているだけでなく、小説『マネット・サロモン』（一八六七年）で浮世絵を観ながら夢想に耽る男を描き、さらには『青楼の画家、歌麿』（一八九一年）や『北斎』（一八九六年）のような著作までもものにしているのである。しかしながら、彼らの作品が一部の知識人や芸術家に多大な影響を与えたとしても、西洋世界に広く影響を与えたとはいえないように思われる。作家としては、彼らはさほどインパクトはなかったといわざるをえないのである。

念のために付言しておくが、彼らの日記はジャポニスムを研究するうえできわめて重要な文献である。ただ、彼らの文学作品が社会一般に大きな影響を与えたと主張するのは難しいであろう。

エミール・ゾラ

そこで、マネなどの印象派の人々と深くかかわっていた大文豪エミール・ゾラから取り上げよう。『御婦人方の幸福』の一節はすでに2章で紹介した。ジャポニスムの広がりがよく分かる一文であった。少なくとも社会の中流層にまで日本の美術工芸品への愛好が広まっていたと考えられそうである。また、この作品の少し前に発表された『愛の一ページ』(5)(一八七八年)を読めば、日本の美術工芸品がどう使われていたかを知ることができる。この作品のひとつの軸は、美しく貞淑な若き未亡人と隣に住む富裕な医師との不倫である。まず、この医師の庭園が日本趣味に彩られている。そこには

▲図22　マネ『エミール・ゾラの肖像』(1868年)　マネとゾラとの関係が明確に分かる絵画である。

「日本風のあずまや」が設けられていたのである。

壁と天上には金色のブロケード織りの布が張りめぐらされ、飛び立っていく鶴の群や、極彩色の蝶と花、それに黄色い河に青い小舟が漂っている風景などが描かれていた。目の細かい茣蓙の敷かれた床には、黒檀でできた椅子と花台がいくつも置かれている。漆塗りの家具も数点あって、小ぶりの青銅彫刻、小さな東洋の陶磁器、それに、けばけばしい原色で塗りたくられた奇妙な玩具など、夥しい数の置物が所狭しと並べられていた。奥にはザクセン焼きの大きな東洋風の人形が置かれていたが、膝を折り曲げ座っている、この剝き出しの布袋腹の持ち主は、ちょっと押されただけでも、見るからに楽しげな様子で、狂ったように頭を揺り動かすのだった。

（『愛の一ページ』七三頁）

これが「日本風のあずまや」の描写である。この日本趣味は医師の妻のものらしいが、これらの「日本物」について、医師の邸宅にたびたび訪れる客の一人が、「二束三文のがらくた」と評している。たしかに、そうしたものも混在していたことは間違いないだろう。また、「ザクセン焼き」（マイセン磁器）の人形は、明らかにシノワズリーの影響を受けたものと考えられる。ここでも、ジャポニスムとシノワズリーは混在していたようだ。ムーレが経営する「女性のための殿堂」にやって来るようなブルジョワ層の女性が、自邸を日本や中国の小物で飾り立てていたのである。

▲図23　マイセン磁器の仏像（1720年頃）
「大きな東洋風の人形」とはおそらくこのようなものであろう。

さらに興味深いのは、未亡人の娘の着物姿である。この小説は、未亡人と病弱な娘との愛と憎しみの物語でもある。この娘が医師の邸宅で開催された子ども中心のパーティーに着物姿で登場する。

この少女が身に纏っていたのは、目を見張るような奇抜な日本の着物であった。風変わりな花と鳥の刺繡が施されたこの衣装は、丈がその華奢な足下まであって、少女の足は完全に覆われていた。いっぽう、幅の広い帯の下では、左右に分かれた裾の合間から、緑色がかった地色に黄色いモアレ縞の浮き出た絹の長襦袢が見え隠れしている。けれども、なによりも風変わりな魅力を湛えていたのは、長いかんざしを何本も挿し、高々と結い上げられた髷の下の、そのほっそりした顔立ちだった。どこか山羊を思わせるその顎と、きらきら輝く細い目は、安息香とお茶の香りに包まれて歩く本物の江戸の娘のような趣を湛えていた。ためらいがちに、故国に思いを馳せる異国の花のような病的な物憂い様子を漂わせながら、彼女はそこに佇んでいた。（『愛の一ページ』一七四頁）

別の所では「真っ赤な刺繡の施された着物姿」と描写されるこの少女は、もちろん人々の「ざわめき」を引き起こすことになる。

だが、この少女は突然に亡くなる。そして、少女の死によって未亡人と医師との不倫にも突然終止符が打たれる。その葬儀の場面がつぎのように描かれる。

今日は、全員が真っ白の装いだった。ジャンヌも白いサテンの枕の上で、花に囲まれて真っ白だった。長いかんざしを髷に斜めに刺し、鳥の縫い取りの施された真っ赤な胴着を身につけていたほっそりとした日本娘は、真っ白なドレスに身を包んで、今、旅立とうとしていた。（『愛の一ページ』五七八頁）

ジャンヌとは亡くなった娘の名前であり、「日本娘」の原語はラ・ジャポネーズである。とすると、この「日本娘」はどうしてもモネの『ラ・ジャポネーズ』（五五頁、図24）を想起させずにはおかないであろう。と同時に、やはりホイッスラーの『磁器の国の姫君』（五五頁、図25）が思い浮かんでも不思議ではない。ジャンヌの雰囲気には、後者の方が合っているとの説もある。そうかもしれない。

この作品では日本と印象派との関係がそこここに見られる。この作品と日本との関係について、日本はただアクセサリー的に使われているだけだという説もあるが、日本的なモノは作品そのものにかなり重要な影響を与えたと考えてもよい

▲図24　モネ『ラ・ジャポネーズ』(1876年)

▲図25　ホイッスラー『磁器の国の姫君』(1864年)

のではなかろうか。[6]

ギ・ド・モーパッサン

一八八四年には、ユイスマンスの『さかしま』が発表されている。この小説の主人公も、相当な日本趣味の持ち主であるが、この主人公は巨大な亀の甲羅を日本趣味で飾り立てるようなかなり特殊な趣味人であり、この時代のジャポニスムの様相を総合的に見るにはあまり参考にはならないだろう。むしろ、翌年の一八八五年に刊行されたモーパッサンの『ベラミ』[7]の方が、われわれの目的にかなった小説である。こちらを紹介しよう。

この小説は、月末までの残金が三フランと四〇サンチームしかなく、「朝食を抜きにして夕食を二度食うか、夕食をあきらめて朝食を二度食うか、どちらかを選ばなければならない」ような元下士官、ジョルジュ・デュロワの出世物語である。彼の唯一の武器は美男であることだった。彼はこれを武器に中上流の女たちをたらし込み、社会の階梯を駆け上がっていく。この男の社会的上昇の切っ掛けを作ってくれるのが偶然再会した戦友で、新聞社の幹部フォレスティエである。フォレスティエの紹介で、デュロワは新聞社の記者となる。デュロワがまず触手を伸ばすのがフォレスティエの妻と、その友人マレル夫人（三四頁、図15）であった。マレル夫人が労働者階級の居住区にあるデュロワの貸間を訪れたときの様子がつぎのように描かれている。

　彼は、……いよいよ女がくるとなると、できるだけうまく部屋のみすぼらしさを隠さなければならないが、それにはどうしたらよかろうかと考えた。そして、日本製のこまごました品物を壁にピンでとめようと思いつき、五フラン奮発して、ちりめん紙や小さな扇や屏風《びょうぶ》を買い、それで壁紙の目立ちすぎるしみを隠した。窓のガラスには、川に浮かぶ船や夕焼け空を飛ぶ鳥やバルコニーによりかかる極彩色の貴婦人や雪の野原をいく黒い小さな人形の行列などをあらわした、透明な写し絵をはった。

狭くて、寝るところと腰をおろすところしかない彼の住居は、やがて絵を描いた提灯《ちょうちん》の内側のようになった。

（『ベラミ』一一七頁）

こういう階層の人間にまで、日本趣味は広がっていたのである。そして、デュロワの作戦はまんまと成功する。「夫人は、……眼もあやに飾り立てた色とりどりの絵にうっとりして――まあ、きれいなお部屋ですこと」と、のたまう。じつはこのマレル夫人自身が日本趣味を持っていた。デュロワがマレル夫人の邸宅を訪れたときの様子である。

デュロワは腰をおろして、待った、長いこと待たされた。やがて、扉があいて、マレル夫人が小走りに駆けこんできた。ばら色の絹地に金糸の風景や青い花や白い鳥を刺繡《ししゅう》した、日本風の化粧着を着ていた。

（『ベラミ』九六頁）

このように、日本の「二束三文のがらくた」によってとりあえず部屋を飾り立てようとする試みは、『ベラミ』の三年後に発表された『ピエールとジャン』（一八八八年）にも見られる。この小説は医師である兄ピエールと弁護士となる弟ジャンが、母が犯した重大な過ちによって別離の運命を辿る物語である。こうした破局が訪れる前のことであるが、弁護士のジャンは、母とともに婚約者に少しでもよい印象を与えようとして新居の部屋を飾り立てようとする。

日本のちょうちんにかざられているまるい食堂が一同の目にうつった。母親と息子はこの部屋のなかに二人のあらんかぎりの思いつきをこめたのだった。この竹細工のおいてある部屋、人形や、つぼのかざってある部屋、金ぱくのおいてある絹と、ガラスの珠が水滴のように見えるすきとおったすだれと、布をとめるために壁に釘でうちつけてある扇の部屋、衝立《ついたて》だの、刀だの、面だの、剝製《はくせい》の鶴だの、陶製、木製、紙製、象牙《ぞうげ》、らでん、青銅などのこまごました道具のおいてあるこの部屋は、鋭い頭と、趣味と、芸術的教養とを最も必要とする事物に対して無知な目と不器用な手が与えるもったいぶった、わざとらしいようすをしていた。とはいえ、みんなが一番感心したのはこの部屋だった。(8)

新居すべてが日本趣味で飾られていたわけではないが、日本趣味のこの部屋が一番人々の心を捉えたわけである。

▲図26　ベルギーの画家，ジョルジュ・クロエガート『読書する女』（1888年）　これは『ピエールとジャン』の登場人物であるジャンの部屋，あるいは『失われた時を求めて』の高級娼婦オデットの部屋の雰囲気に近いだろう。

ピエール・ロチ

このような日本趣味は「鋭い頭と、趣味と、芸術的教養」を十分に持つ人間には見るに堪えないものであったかもしれない。一八八七年に出版されたピエール・ロチが海軍士官として長崎にいたときの体験をもとにした小説『お菊さん』(9)に次のような一節がある。

私は美しいパリの婦人たちの処で見る、骨董品をごたごたに列べて置いて輸出品の繻子の上に金の不格好な刺繍をしたのを張った日本間と称する客間《サロン》を思い出すとひとりでにほほえまれる。私はこれ等の婦人たちに、この国では趣味を解した人たちの家がどんなものであるのかを見に来るようにと勧める。

（『お菊さん』一四一～一四二頁）

これは、装飾を一切排したかに見えるロチの義母の家の室内について説明した後の一文だが、日本の「二束三文のがらくた」で飾り立てられた部屋にうんざりした人々はたしかにいたのである。ジャポニスムの広がりは、ゴンクール兄弟らが示したような、社会の隅々にまで広がりすぎ、堕落したという反応も引き起こしていた。

ロチの『お菊さん』はジャポニスムの状況を写すというよりも、ジャポニスムを大いに促進した作品と見なすべきだろう。この点で『お菊さん』を超える文学作品はあるまい。たとえば、フィンセント・ファン・ゴッホの場合である。ゴッホの日本への熱狂ぶりはよく知られているだろう。ゴッホは何百枚もの日本の版画を持っており、弟テオへの手紙（一八八八年七月一五日）には「ある意味ではわたしのすべての作品は日本の芸術に基づいている」と書いていた。(10) このゴッホの日本に関する有力な情報源のひとつが『お菊さん』であった。ゴッホは、一八八八年六月に挿絵入りの『お菊さん』の初版本を読んでいたという。(11) ただし、ロチの日本への想い、態度はかなり複雑である。ゴンクール兄弟のように、ストレートに日本を賛美しているわけではなく、むしろ、日本には侮蔑的とも取れる態度を示している。いや、この作品には人種差別主義者のものと呼びたくなる言説さえ散見される。にもかかわらず、ゴッホは『お菊さん』を情報源にして日本についての甘い夢を見ていたのである。

ロチは、日本を離れるに当たってつぎのように述べる。

　出発の間際になって、私は、此のよく働く、勤勉な、金儲けに目のない、立憲的の気取りと遺伝的の愚劣と鼻持ちのならない猿らしさとに汚されている、この礼に厚い小さい国民の蠢きの群を見て、私は心窃かに軽い侮蔑の微笑を見出し得るのみである。

（『お菊さん』二三六～二三七頁）

ロチの日本に関する著作には、この『お菊さん』に限らず猿という表現が頻出する。『江戸の舞踏会』（一八八九年）では、舞踏会に出席した燕尾服姿の日本人をつぎのように描いている。

　ちと金ぴかでありすぎる、ちとあくどく飾りすぎている。この盛装した無数の日本の紳士や大臣や提督やどこかの官公吏たちは。……どうしてそうなのかはいえないけれども、わたしには彼らがみな、いつも何だか猿によく似ているように思える。(12)

日本人は猿によく似ているというのが、ロチのひとつの結論である。全く敬意を払っていない。だが、先の一文のなか

▲図27　ゴッホ『ムスメ』（1888年）

にも「勤勉」、「礼に厚い」などの肯定的な文言が見える。そうである。ロチの日本評価はやはりかなり複雑である。「すべての奇怪の本産地なる此の不思議な国」（『お菊さん』六頁）というのが、ロチの基本的な日本評であろう。ここにはとくに日本への敬意は感じられないが、ロチはこの「不思議な国」の魅力を十二分に描いてはいるのである。だからこそ、ゴッホにとってこの著書がいわば日本を知るバイブルとなりえたといえよう。

日本の「ムスメ」は、この時代の欧米の男たちにはきわめて魅力的な存在であったが、ロチも様々にケチを付けながらも、やはりムスメのかわいさを認めている。まずロチはムスメという言葉について、つぎのように解説する。「ムスメといふのは若い少女若しくは若い女を意味する言葉である。それはニッポンの言葉の中でも一番きれいな言葉の一つである」と。そしてこのムスメについて、たとえばつぎのように描写する。

小ぢんまりした顔つき、子猫のような小さいくるくるした目、半開の唇の辺まで少しばかり侵入している丸ぽちゃな生白い頬。これ等の小さい日本の女たちは、子どもらしいしぐさと、にこにこするのとで何時も変らず可愛らしい。
（『お菊さん』六五、一二八頁）

また、日本の景色や家屋などについてもそれなりに賞賛している。ロチは長崎に上陸早々、「それにしても、まあ、此の人間たちはいかに醜く、卑しく、怪異なことだらう」（『お菊さん』一四頁）と興ざめしてしまうのだが、茶屋に着いてからつぎのように述べる。「いつぱいに開け放した縁側《ヴエランダ》から見渡した眺めは美しい。私はそれを認める。夢の国の景色のようである」（『お菊さん』一二八頁）と。さらに、ロチの義母の家について「日本趣味に関して幾らかの知識を持った人の目には、私の義母《ベルメエル》の室内は凝ったものである事がわかる。全く無装飾である。僅かに二三の小さい屛風が其処此処に置かれてある」と紹介する。この後に、先に紹介した「私は美しいパリの婦人たちの処で見る……」という一文が続くのである。ロチは日本の風景の美しさや、「信じ難い程の風雅の潜んで居る」（『お菊さん』一四二頁）日本の家屋の美しさを認めているのである。

オスカー・ワイルド

いうまでもないが、この時代の日本について触れた文学作品はフランスに限るわけではない。つぎに、イギリスの作品を見ていこう。まず、ホイッスラーと関わりの深かったオスカー・ワイルドを取り上げよう。ワイルドのジャポニスムとなるとやはり、『ドリアン・グレイの画像』（一八九一年）を取り上げねばならないだろう。若き貴公子の美貌と若さを保ち続ける肉体と、恐ろしい姿に変貌する魂との対比を主題とするこの小説の冒頭に、いきなりつぎの一文が見える。

いつものとおり、……ヘンリー・ウォットン卿は蜜のような甘さと蜜のような色をしたきんぐさりの花のきらめきをちらりとみとめることができたが、ふるえているその枝はこの花の炎にも似た美の重荷に耐えきれまいと思われるほどだった。そして時折りちいちいと飛びかう小鳥の奇妙な影が大きな窓にかかった長い山繭織りのカーテンをかすめて、なにか刹那的な日本ふうの効果を生みだし、青ざめてやつれはてたあのTokio（東京）の画家たちのことを思わせたのだったが、かれらは、芸術という必然的に固定した媒体を通じて、軽快さと動きとの感じをつたえようとするのである。(13)

この作品には、「蒔絵のひょうたん」や「日本の袱紗」なども出てくる。ワイルドも相当な日本趣味の持ち主だったようだが、彼のジャポニスム論は一八八九年と一八九一年に発表された「嘘の衰退」という評論に明快に論じられている。

きみは日本のものが好きだね。ところで、芸術に表現されているような、あのような日本人が、存在するなどとほ

▲**図28　北渓『和布刈の神事』**（1830年）　アメリカの挿絵画家ウィリアム・H・ブラッドレー作とされる『大波』（1990年頃）はこの絵に影響されたという。

んとうに考えてる？　もし考えてるなら、きみは日本の芸術などこれぽっちもわかっちゃいないんだ。日本人とはある個性的な芸術家の慎重な自意識の産物なのだ。もし北斎とか、北渓とか、日本の大画家の誰かの絵を、現実の日本の紳士淑女のそばに置いてみれば、両者のあいだにいささかの類似もないのがわかるだろう。……実際日本全体がひとつの純粋な発明品なのだ。そんな国はない。そんな国民もいはしない。ぼくらのとても魅力ある画家のひとりがさきごろ日本人を見ようという愚かな望みをいだいてあの『菊の花の国』へ出かけていった。かれの見たもの、描く機会のあったものは、ただ数張りの提灯と数本の扇にすぎなかった。かれは住民を発見することが全然できなかった。ダウスウェル画廊でのかれの楽しい個展が残念ながらみごとに示してくれたように。日本人というのは、ぼくのいったとおり、スタイルの一様式、芸術の精妙な空想にすぎぬことをかれは知らなかったのだ。[14]

ここに北斎だけでなく、北渓までも挙げられているところに、ワイルドの日本趣味がやはり通り一遍のものではなかったことが分かるだろう。北渓とは、もちろん北斎の弟子の魚屋北渓（一七八〇〜一八五〇）のことである。しかし、この一文は波乱を引き起こすことになる。

ラドヤード・キプリング

この一文にいち早く嚙みついたのが、一八八九年四月から四週間ほど日本を訪れた同じくイギリスの小説家のラドヤード・キプリングであった。「嘘の衰退」が最初に発表されたのは、一八八九年一月発行の『一九世紀』という雑誌であった。これを読んでいたキプリングが、インドの新聞に掲載されることになっていた手紙のなかでワイルドに反論する。まず、冒頭でワイルドは大嘘つきだと非難する。

オスカー・ワイルド氏は雑誌『一九世紀』で大嘘をついた！　さきごろ、氏は「嘘の衰退」という小文を書いた。そこには数々の嘘が書かれていたが、とりわけ氏はしゃあしゃあと、日本という国など存在しない、それは扇子や絵本が作りだした像でしかないと言いきった。

この部分に続いてさらに、つぎのように続く。

一晩中揺れに苦しめられた夜が明けると、船室の窓から、灰色の大きな岩が二つ見えた。……岩に松の木に小舟とは、日本の屛風に描かれた絵そのものであった。そのとき私は知ったのである。日本が実在することを。……

次に私はバスク人のような顔だちの、リンゴ色の頰をした若者の牽く人力車に揺られて、弾丸のような早さで、まさに『ミカド』の第一幕の世界に乗り込んでいった。……

私は自分のまわりを見回した。一点のしみも傷もない部屋、背の低い松の木、庭にある、クリーム色のようになめらかな花びらの桜、……私をとりかこむ『ミカド』の世界の娘たち。色、姿、美味、安楽、そして美――。半世紀もその中に浸かったままでいたいと思うほどの、この世界……。(15)

ここに登場する『ミカド』とは、もちろん日本を舞台として大ヒットした、W・S・ギルバートとアーサー・サリバンによるオペラである。サヴォイ劇場でのロンドン初演は一八八五年三月のことであった。キプリングは屛風や扇子などに描かれた日本、あるいは『ミカド』の世界が日本に実在すると力説するのである。そして、大いに日本での生活を享受し

▲図29　オペラ『ミカド』の登場人物（『ロンドン画報』1885年4月4日号）　ここの着物姿の女性たちも，この時代のムスメやゲイシャのイメージを反映したものであろう。

ていたようである。

この手紙は長崎に関するものであるが、それ以外のところでも同様な感想を書き記している。つぎは京都の七宝焼きの工房を訪ねたときの記述である。

そこへ行く途中に庭があった。彼にとっては何のこともないその庭は、私たちにとっては賛嘆おく能わざるもので、しばらく足をとどめないではおられなかった。薄い紙のような篠の茂みからは苔蒸した灯籠が顔を覗かせ、青銅製の鷺が餌をついばんでいた。背の低い松の葉は、まるでお皿のように平たく刈り込まれ、おとぎの国のような池の上にその枝を伸ばしていた。……静けさの極みともいうべきこの場所で、私たちは桜の花びらが池の水の中に落ちる音を聴き、鯉が岩についた苔を舐める音を聴いた。そのとき私たちは、まさしく「ブルーウィロー」の皿の中の世界にいたのだった。

（『キプリングの日本発見』一八一頁）

「彼」とはこの工房の主人のことである。キプリングは日本庭園の美しさに茫然自失、うっとりしているところである。しかし、「『ブルーウィロー』の皿の中の世界」とは何のことだろうか。詳しくは拙著『柳模様の世界史——大英帝国と中国の幻影』をご覧いただきたいが、「ブルーウィロー」とは柳模様と呼ばれる陶磁器の文様の別称である。この文様は中

▲図30　ジョサイア・コンドル『日本における風景式庭園』表紙(1893年)　建築家であり，かつデザイナーでもあったコンドルはお雇い外国人でもあった。

▶図31　柳模様の皿(1790年頃)　イギリスの陶磁器メーカー，スポード社製。日本の庭園とはいささか趣が違うであろう。

国の庭園風景を描いた文様を参考に、イギリスで一八世紀後半に考案されたものである。この文様には、柳模様物語という悲恋の物語まで添えられ、イギリス社会で、二〇世紀の少なくとも中葉頃まで大いに人気を博した。そして、イギリスの人々は中国といえば柳模様の世界を連想し、中国には実際に柳模様の世界があると信じた者もいたのである。キプリングもその一人というわけだが、日本で柳模様の世界はやはりおかしいだろう。柳模様の世界を誤解したのか、あるいは日本と中国がこんがらがってしまったのだろうか。何にしてもキプリングは、ワイルドのいう「個性的な芸術家の慎重な自意識の産物」をかなり安直に現実のものと信じやすいタイプの人間だったようである。

しかし、キプリングもただ浮かれていただけではない。つぎのような苦言も呈している。

　ひとつ日本を救出するという行動をおこそうではありませんか。私はこの通りを走っていって、まぐさの色をした警察官の制帽を一つずつたたき落としてやりますから、先生は鉄道線路を引きちぎり、電信柱を引きずり倒してください。このまま放っておいたら日本人たちは二〇年ぐらいのうちに、七宝焼きだって機械生産にしたり、日本式庭園をつぶして、真っ黒い壁の工場ばかりを建てるようになりますよ。

（『キプリングの日本発見』一八四～一八五頁）

古い、伝統的な日本に魅惑された人々に典型的な反応である。

一言付言しておくと、このキプリングの手紙のワイルドを名指しで批判した冒頭部分は新聞には、掲載されなかった。当時のワイルドは作家として人気絶頂だったが、キプリングの方はまだまだ駆け出しだったので、こういう措置をとったのかもしれない。しかし、冒頭の部分がなくても、屏風や扇子に描かれた日本は実在するという、キプリングの主張はよく分かる。(16)

ジョン・ラスキン

先にジャポニスムをもたらした重要な要因として万国博覧会を挙げたが、低俗と見なされるかもしれないような見世物も、この時代のヨーロッパで人気を博しており、これもジャポニスムの広がりに一定の影響を与えたと考えられる。このことを窺わせるのが、かのジョン・ラスキンのエッセー『時と潮』である。ラスキンはもちろん『建築の七燈』や『ヴェネツィアの石』を著したこの時代を代表するイギリスの大思想家である。なんと、このラスキンが日本の見世物を見物していたようなのである。

イギリスにおけるこの種の興行の最初の例は、松井源水一座の軽業見世物であったという。これは一八六七年二月二日より五月四日までロンドンで行われた(17)。ラスキンの『時と潮』の第六の手紙「近代娯楽の堕落（日本の曲芸師）」は、日本の曲芸を主題にしており、この手紙の日付は一八六七年二月二八日となっている。したがって、ここで取り上げられている日本の曲芸は、間違いなく松井源水一座のことである。この手紙はつぎのように始まる。

日本の曲芸師の一団が興行するためにロンドンに来ていることは聞いているだろう。かなり前から日本の美術への関心が高い。このことはわが国の画家たちにきわめて有害であった。わたしは日本人がどんな人々であるのか、彼らが何を成し遂げたのかを知りたかった。

ラスキンが、ジャポニスムの主導者の一人ホイッスラーの絵画『黒と金色のノクターン――落下する花火』を酷評し、裁判沙汰になったことはよく知られているであろう。ラスキンは、そもそもここに見られるようにジャポニスムを苦々しく思っていたのである。そういう立場から日本人を観察しようと、この一座の興行を見物に来たようだ。その評価は、やはりあまり芳しいものではない。

演技全体を見た印象は、劣等な人種と呼べる人間が存在しているのだというものであった。とはいえ、あらゆる点においてではない。人間の優しさ、家庭的な愛情、器用さなどが認められないわけではない。しかしながら彼らは国民としては悪魔的精神に捕らえられ、それによって何年もの忍耐を経て下等動物の性質とある程度類似するように自らを造り替えるよう追い込まれたのだ(18)。

この時代には劣等な人種、優秀な人種という考え方が珍しくなかった。もちろん、欧米の人種の方が非西洋世界の人種よりも優秀とされた。ここでもやや控えめながら、日本人をどちらかといえば劣等な方の人種と捉え、その故に信じがたい曲芸をやってのけることができるのだと考えているようである。

日本人村

しかし、それにしてもラスキンのような人物がやってくること自体、この日本人による興行が相当な話題になっていたことが窺われよう。そして、こうした興行の延長線上にジャポニスムの広がりという問題を考える場合、是非とも言及しておきたいのが日本人村である。これは文学よりも興行の問題であるが、ここで簡単に触れておこう。日本の軽業興行はもちろんイギリスだけでなく、フランス、ドイツ、スペイン、アメリカ、オーストラリアなど世界各地で行われた。そして、イギリスでは一八八五年一月一〇日からロンドンのナイツブリッジで日本人村の興行が始まるのである。『タイムズ』紙によれば、それはつぎのようなものであった。

日本の意匠や様式で建てられた店舗、住居、茶店、および寺院だけではなく、日本の土着の工芸家や職人および彼らの家族をまとめてこの国に運び込み、ロンドンの中心部にできた小さな植民地に移植するという、今までにない思い付きが周到かつ上品に実行に移された。

ロンドンに、いわばミニチュア版の日本が出現したのである。ここで日本人の生活を見世物にしたのだが、さらに舞台で軽業、足芸、綱渡り、相撲、チョンキナ踊りなども演じられた。入場料は一シリングであった[19]。庶民にも支払えた料金だろう。

この日本人村は大好評で、開幕四ヶ月でなんと二五万人が来場したという。しかし、この日本人村は火災により焼失し、再建はされたが客足は今ひとつであったようである。この日本人村が、ジャポニスムの広がりに大いに貢献したことは間

◀図32　ロンドン日本人村のポスター

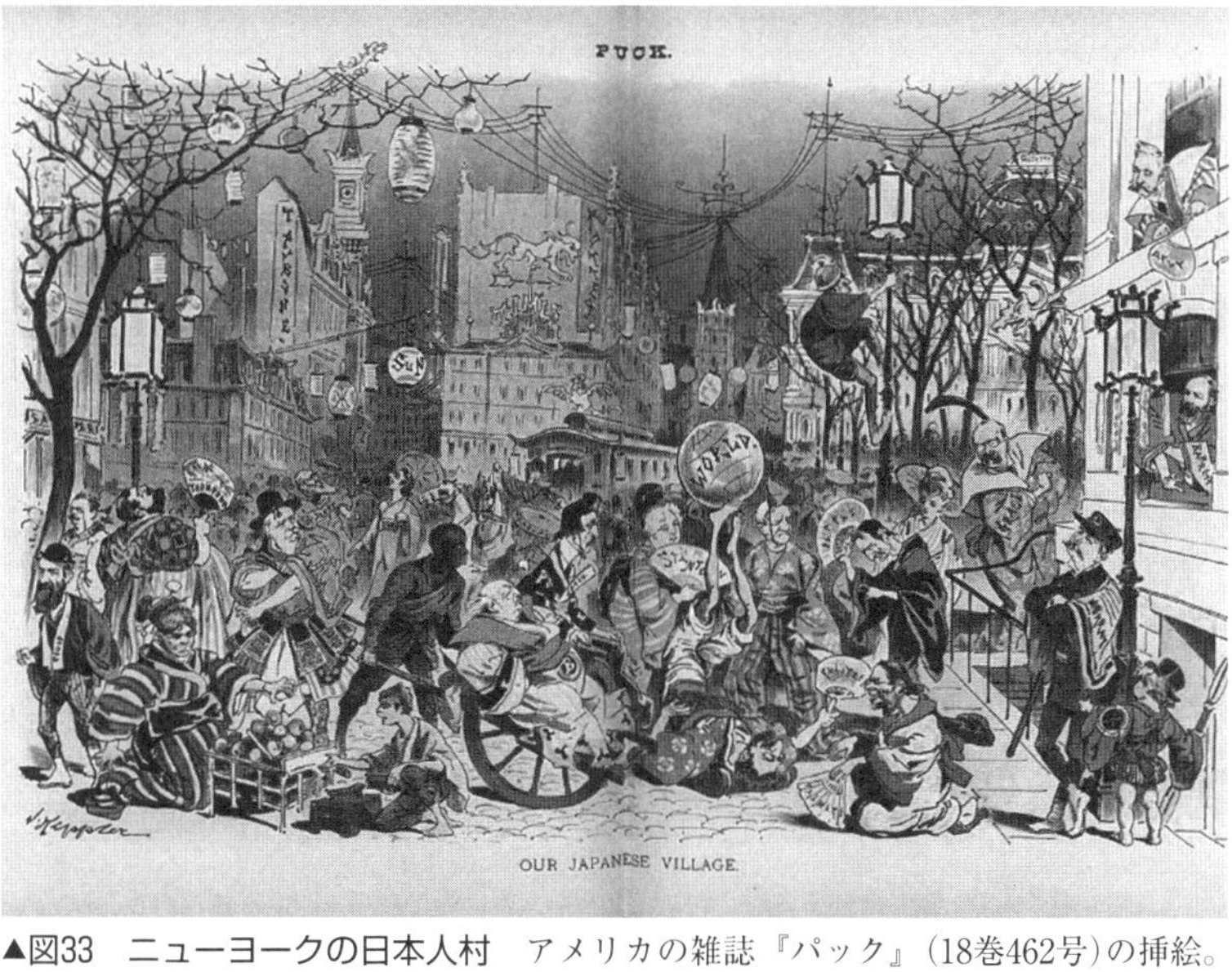

▲図33　ニューヨークの日本人村　アメリカの雑誌『パック』（18巻462号）の挿絵。

違いないであろう。これまたジャポニスムの広がりに少なからず貢献したといえるギルバートとサリバンのオペラ『ミカド』にも日本人村は強い影響を与えていたようである。『ミカド』の初日のプログラムに「上演にあたって、ナイツブリッジの日本村の責任者および住民の貴重なご助力を受けたことに深く感謝する」との謝辞が見えるのである[20]。マイク・リー監督の映画『トプシー・ターヴィー』（一九九九年）には、日本人村の女性が『ミカド』の出演者たちに演技指導しているところが描かれている。

ジョン・ルーサー・ロング

ジャコモ・プッチーニのオペラ『マダム・バタフライ』は、『ミカド』をはるかに上回る影響を世界に与えたといえよう。しかし、この原作が書かれたのはアメリカにおいてであった。本業は弁護士であるジョン・ルーサー・ロング（一八六一～一九二七）が著した長崎を舞台とする短編小説『マダム・バタフライ』である。もちろん基本的なプロットは、プッチーニのオペラ『マダム・バタフライ』と同じである。没落藩士の娘であった蝶々さんとアメリカ海軍士官ピンカートンとが「結婚」し、子どもも生まれ、蝶々さんは「私は日本中で、イイエ世界中で、一番幸福な女だと思っていますわ」とさえいう。ところが、ピンカートンは日本を去る。そして、蝶々さんはピンカートンの帰りを待つ。だがピンカートンが帰ってきたときには、アメリカ人の妻を同伴していた。そこで、蝶々さんは「栄誉ある生なければ　死の栄誉を得るために」と、「イケサダ」の銘が入った短刀で自死を図る。しかし、この小説では蝶々さんが死んだのかどうか明確ではない。プッチーニのオペラでは、蝶々さんが短刀で自死を遂げたことがはっきりと分かる。ここが決定的に違うところである。プッチーニがこの物語をオペラにしたいと思ったのは、この小説を戯曲化した劇作家デーヴィッド・ベラスコの作品を一九〇〇年にロンドンで観劇したからだといわれている[21]。ベラスコの作品では、蝶々さんは間違いなく自死している。プッチーニはベラスコの作品を参考にしたということだろう。

蝶々夫人は「犠牲者ではあるが、哀れなだけの犠牲者ではない。彼女の行動と決意は英雄的である[22]」との指摘もある。アメリカ帝国主義と女性への搾取に対抗する告発だというのである。今日ではそう読めるかもしれない。しかしながら、このジャポニスムの時代には、「哀れなだけの犠牲者」というイメージしか浮かんでこなかったのではなかろうか。

2　文学のジャポニスムとは何か

マルセル・プルースト

文学のジャポニスムの最後にマルセル・プルーストの大作『失われた時を求めて』（一九一三～二七年）を取り上げ、文学のジャポニスムとは何かを改めて考えてみよう。この作品の刊行は、ジャポニスムの時代がほぼ終わった頃に始まっている。だが、作中には一八九四年から始まるドレフュス事件のことが頻繁に出てくるので、ジャポニスムの時代の作品と見なすことも可能だろう。あるいは、シュワルツが指摘するように、「フランスにおける一時的流行としての〈ジャポニスム〉の盛衰に関する貴重な資料[23]」ともいえる。それだけで片付けることはできないが。

▲図34　『マダム・バタフライ』のポスター（1904年）

プルーストは、自宅に極東風の神殿を作り、さらに日本の庭師に庭園を設計させたというロベール・ド・モンテスキューの友人であり、盆栽に惚れ込むほどの日本贔屓であった。語り手の幼・少年時代の回想を中心に物語が延々と展開する長大な小説『失われた時を求めて』には、様々な日本のモノがつぎつぎと登場する。順番に紹介してみよう。

まず、登場するのは水中花である。語り手が叔母のくれたマドレーヌの味を思い出す場面である。

ちょうど日本人の玩具で、水を満たした瀬戸物の茶碗に小さな紙きれを浸すと、それまで区別のつかなかったその紙が、ちょっと水につけられただけでたちまち伸び広がり、ねじれ、色がつき、それぞれ形が異なって、はっきり花や家や人間だと分かるものになってゆくものがあるように、今や家の庭にあるすべての花、……全コンブレーとその周辺、これらすべてががっしりと形をなし、町や庭も、私の一杯のお茶からとび出してきたのだ[24]。

この訳は鈴木道彦訳だが、原文に忠実すぎるので何のことかよく分からないかもしれない。淀野隆三・井上究一郎訳では端的に「日本人が楽しんでする水中花遊び[25]」とあるので、ここで述べられているのは水中花のことだと考えて間違いないだろう。ともあれ、ここでの描写は水中花をうまく生かしている。しかし、夏の季語になっているとはいえ、水中花などは日本人でもよく知らない人の方が多いのではないか。実際に、水中花遊びを経験した人はあまりいないであろう。五木寛之の小説『水中花』（新潮社、一九七九年）とそのドラマによって聞いたことがある程度の人の方が多いかもしれない。その水中花遊びがどうしてこの作品に登場するのか。じつはこの水中花は、ヨーロッパにおけるジャポニスムの牽引者の一人、美術商のジークフリート・ビングのもとで働いていたマリー・ノードリンガーという女性から贈られたものであった。これに対してプルーストは、「ひっそりと隠れた素敵な花をありがとう。……あなたのおかげで電灯の暗い私の部屋は、極東の春になりました[26]」と、感謝の言葉を述べたという。

つぎはコンブレの町を流れるヴィヴォンヌ川が作る風景に関しての描写である。

この辺では両岸に木々がいっぱいに茂っているので、その大きな影が水に映って、いつもは暗い緑の地を作っていたが、ときには、午後の夕立がからりと上がったあと、……それが一見細かく仕切られた日本趣味の七宝模様を思わせるように、紫がかった明るくはっきりした青に染まっているのを私は目にするのであった。

（『失われた時を求めて』一、二九九頁）

長くなるのでこの辺で切り上げるが、この辺りを読んでいると、描写そのものがジャポニスムに思われてくる。この点は後に取り上げよう。

また、リンゴ園の描写にもたびたび日本のモノが登場する。まずは、やはりコンブレでの散歩道に関するものである。

その道の片側には、……等間隔にリンゴの木が植えられ、それが夕陽に照らされると、日本の墨絵のような影を作るのだが、この農園の見えるところに来ると、私の胸はにわかにどきどきしはじめるのだった。

（『失われた時を求めて』一、三一九頁）

つぎは、語り手が一時熱をあげるパリ社交界の花形、ゲルマント公爵夫人の言葉である。

「海岸に、まるで日本の屏風に描かれているような、見事なリンゴの木がございますけれど、……」

（『失われた時を求めて』五、一七八頁）

さらに、第四篇「ソドムとゴモラ」では、祖母との思い出の残るバルベックでの「見渡すかぎりの花盛りのリンゴが前代未聞の豪華さで」咲き誇る場所で「はるかかなたに見える水平線は、リンゴの木に、日本の版画の背景のようなものを提供していた」（『失われた時を求めて』七、三二七頁）との記述がある。

小説の終盤にある「見出された時」の冒頭にもリンゴの木が登場し、やはり日本のモノがさりげなく使われている。「日がな一日私が過ごしている」家について、つぎのように描写されている。「そこには、現代風の部屋を飾る舞台装置、たとえば銀色の地に日本画の手法で描かれたノルマンディのリンゴの木がずらりと立ち並んでベッドで過ごす時間につきまとう、といった仰々しい舞台装置は、何ひとつ見られない」（『失われた時を求めて』一二、一三頁）と。ここにもジャポニスム的な雰囲気がある。

これは、あるいは『お菊さん』の影響であろうか、菊も登場する。ユダヤ人商人スワンの恋人で、後に妻となる高級娼婦オデット（五八頁、図26）の寝室がつぎのように描写される。

寝室を左手にして、暗い色に塗られた壁のあいだにまっすぐな階段がついており、その壁からは東方の布、トルコの数珠、絹の細紐でつるされた大きな日本の提灯などが下がっていた（提灯には、訪問者から西洋文明の快適さを奪わないようにと、ガス灯がついていた）。……また壁際いっぱいに長方形の箱が置かれていて、まるで温室のように一列に大輪のキクが咲いていた。（『失われた時を求めて』二、七〇頁）

オデットはかなりの東洋趣味の持ち主で、この寝室には「日本絹のクッション」もあり、また中国の骨董品も飾られ、彼女は「薄紫色のクレープ・デシンのガウン」、つまり中国の縮緬であつらえたガウンを身につけてスワンを迎えた。この菊の花については後にもう三度出てくる。

「日本サラダ」もこの時代のサロンで話題をさらった。ヴェルデュラン夫人が主催するサロンでの、ある夫人の言葉である。

ですからわたし、おそかれ早かれ、かならず『フランション』を見られますし、このお芝居についてのわたしの感想も持てるはずですの。でも、打ち明けて申さなければなりませんけど、わたしずいぶん自分でもおばかさんだと思いますの。なぜって、どのサロンにうかがいましても、いたるところで話題になるのはもちろんあの哀れな日本ふうのサラダのことですもの。おかげで少し飽きがきたくらいですのにね。（『失われた時を求めて』二、一三五頁）

ここでの「日本サラダ」は小デュマの劇『フランション』（一八八七年）のつぎの部分を念頭に置いたものである。

アンリ　お嬢さん、私たちが今夜ここでいただいたサラダの作りかたを教えていただけませんか。

アネット　あの日本サラダのことですの？

アンリ　日本ですって？

アネット　あたしはそう呼んでますの。

アンリ　どうして？

アネット　何か名前がいるからですわ。だって、今じゃ、何でも日本づくめでしょう(27)。

どういうわけか「日本サラダ」なるものが流行していたらしい。これら以外にも、日本のモノはまだまだ登場する。列記しておこう。「一輪の見事な花を咲かすためたくさんの蕾を犠牲にする日本の園芸家」、「日本のあやめ一輪」、「日本の部屋着」、「日本の版画」、「ムスメ」、「キモノ」、「日本の盆栽」などである。

この『失われた時を求めて』という大作のなかに、このように頻繁に日本のモノ、あるいは日本への言及がある。ただし、中国のものへの言及もかなりあることにも注意しなければならない。すでに取り上げたもの以外に、たとえば、「支那陶器にはめこんだランプ」、「支那音階」、「中国趣味の家具類」、「中国の陶磁器の大きな花瓶」、「中国のパラソル」、広東地方の「完全に腐ったほおじろの卵」、「中国風の部屋着」などである。

さて、ここで改めて文学のジャポニスムとは何かを考えてみよう。ここまで挙げてきた事例の多くは、ゾラの『愛の一ページ』などは別として、ある種の「背景としてのジャポニスム(28)」、つまり文学作品を飾るいわば「装飾的ジャポニスム」とでも呼ぶべきものであろう。この時代のジャポニスムの広がりと、その広がりへの反応がよく分かる。しかし、少なくともプルーストの場合はもう少し積極的な意味があったように思われる。実際、ジャン・ホッキンソンはプルーストのジャポニスムを論じた論文で、日本的なものがプルーストの文学にかなり重要な役割を演じたと主張している。ホッキンソンは、ジャポニスムをクラウス・ベルガーに倣い、「コペルニクス的転回にも匹敵する変化」をもたらしたと評価し、モダンへの道を切り開いたとする。そして、文学のジャポニスムには、ユイスマンスやゾラ、あるいはゴンクール兄弟などの先輩がいるが、プルーストはこれらの先輩を凌駕したのだという(29)。

では、プルーストのジャポニスムはいかなるものなのか。ホッキンソンは、まず「モネのジャポニスムと同様に、プルーストのジャポニスムは特定の作品に由来するものではない。あるいは芸術の形から由来するものでさえない。それはむ

▲図35　モネ『睡蓮の池と日本の橋』（1899年）

しろ美学全体との融合であり、小説のなかに、そして累積的なさりげない言及と内省的な言葉の含みのなかに融合されている」という。そして、プルーストの文学のジャポニスムとは、つまるところつぎのようなものだという。「語り手はモネの『睡蓮』をテキストに移し替える文学的ジャポニスムを実践している」と(30)。

絵画でのモネの手法を、文学において実践する。簡単にいってしまえば、これが文学のジャポニスムということになるのであろう。すでに紹介した「日本趣味の七宝模様を思わせる」という一文はこの例であろう。もちろん他にもある。たとえば、バルベックのグランドホテルに滞在していたときの語り手が思い描く世界である。

　あるときは、それは日本の浮世絵の展覧会だった。赤くて丸くて月のような、薄紙を切り抜いた太陽のわきで、一片の黄色い雲がまるで湖のように見え、そこに突きつけられている何本もの黒い剣が、さながら湖畔に生えた木々のごとくにくっきりと浮かび上がっている一方で、はじめてクレヨンの箱をもらったとき以来一度もお目にかかったことがないような淡いバラ色の棒がまるで川のようにふくれ上がって、その両岸では陸に引き上げられた何隻かの船が、水に引き出されるのを待っているように見える。

（『失われた時を求めて』四、二〇四～二〇五頁）

以下、まだまだ続くのだが、この辺りも文学のジャポニスムと呼びたくなる。

物語の終盤にも、つぎのような描写がある。

いくらか青みを帯びたこの金色の雪の上に、木々のシルエットがくっきりと清らかに映し出されるさまは、ある種の日本画か、ラファエロの描く背景のなかに見られるような、微妙な味わいを備えていた。……目を見上げると、その金色の薄明かりのなかには女の姿が見分けられ、……東方の幻影のようなひそやかな神秘的な魅力をたたえている。

（『失われた時を求めて』一二、七八～七九頁）

もちろん、この作品全体の描写が文学のジャポニスムであるといいきることも可能であろう。

ホッキンソンは、「ゴンクールのジャポニスムはフランス文学に新しい芸術的視野や方法を加えるどころか、たんなる装飾用のベニヤ板であり、退屈なものである[31]」という。これに対して、プルーストのジャポニスムは「フランス文学に新しい芸術的視野や方法を加」えた、刺激的なものであったことになるだろう。ゴンクールへの評価についてはもちろん留保が必要である。だが、プルーストに関してはさほど見当違いではないだろう。

（1）Gregory Irvine, *Japonisme and the Rise of the Modern Art Movement: The Arts of the Meiji Period*, Thames & Hudson, 2013, p. 11.
（2）Jan Hokenson, "Proust's japonisme: Contrastive Aesthetics", *Modern Language Studies*, 29(1), 1999, p. 19.
（3）Lionel Lambourne, *Japonisme: Cultural Crossing between Japan and the West*, London: Phaidon Press, 2005, pp. 128-51.
（4）羽田美也子『ジャポニズム小説の世界――アメリカ編』（彩流社、二〇〇五年）一〇、一〇九～一一二、一五一～一七一頁。
（5）エミール・ゾラ『愛の一ページ』（ゾラ・セレクション第四巻、石井啓子訳、藤原書店、二〇〇三年）。
（6）吉田典子「ゾラ『愛の一ページ』と印象派絵画――モネとルノワールを中心に」（『国際文化学』創刊号、一九九九年）はゾラとモネら印象派との関係を明らかにした興味深い論文である。モネの『ラ・ジャポネーズ』のモデルの顔つきは、ゾラが喚起するジャンヌの顔つきとは異なっているが、『磁器の国の姫君』の方は物憂げな雰囲気が漂い、ジャンヌにより似つかわしいという。だが、この作品での日本趣味については、「ジャポニスムというよりもむしろ単なるジャポネズリーであり、日本的なモティーフへのエキゾティックな関心にとどまると言ってよいであろう」（九一頁）と述べている。この作品での日本趣味を、もう少し積極的に評価してもよいのではないだろうか。高橋愛「ゾラにおけるジャポニスムの問題――美術批評と『愛の一ページ』の関係をめぐって」（『Gallia』五〇、二〇一一年）三三～四一頁も参照。

（7）ギ・ド・モーパッサン『ベラミ』（田辺貞之助訳、新潮文庫、一九七六年）一一七頁。

（8）ギ・ド・モーパッサン『ピエールとジャン』（河出世界文学大系35 モーパッサン、杉捷夫訳、河出書房新社、一九八〇年）三三九頁。

（9）ピエール・ロチ『お菊さん』（野上豊一郎訳、岩波文庫、一九八八年）一四一～一四二頁。

（10）Siegfried Wichmann, *Japonisme*, p. 40; Gregory Irvine, *Japonisme and the Rise of the Modern Art*, p. 11.

（11）Lionel Lambourne, *Japonisme*, p. 47.

（12）ピエール・ロチ『秋の日本』（村上菊一郎・吉永清訳、角川文庫、一九九〇年）六一頁。

（13）オスカー・ワイルド『ドリアン・グレイの画像』（西村孝次訳、岩波文庫、一九九〇年）九頁。

（14）オスカー・ワイルド「嘘の衰退」（西村孝次訳『オスカー・ワイルド全集』4、青土社、一九八九年）四二一～四三三頁。

（15）ラドヤード・キプリング、H・コータッツィ／G・ウェッブ編『キプリングの日本発見』（加納孝代訳、中央公論新社、二〇〇二年）六五～八五頁。

（16）「嘘の衰退」をめぐるワイルドとキプリングのやりとりはじつに興味深いが、この作品についてはワイルドとホイッスラーとの「日本美術」の規定をめぐっての論争もあり、なかなか興味深い。こちらについては、輪湖美帆「オスカー・ワイルドの『唯美主義』再考への覚書――"The Decay of Lying"におけるジャポニスム」（『リーディング』第二六号、二〇〇五年、U Tokyo Repository）参照。

（17）小山騰『ロンドン日本人村を作った男――謎の興行師タナカー・ブヒクロサン 一八三九－九四』（藤原書店、二〇一五年）一三八頁。

（18）"LETTER VI. The Corruption of Modern Pleasure", February 28, 1867.（*Time and Tide* https://archive.org/details/timeandtidebywe00unkngoog）

（19）小山騰『ロンドン日本人村を作った男』二一六～二一七頁。

（20）ウィリアム・シュウェンク・ギルバート『喜歌劇　ミカド――十九世紀英国人がみた日本』（小谷野敦訳、中央公論新社、二〇〇二年）七頁。日本人村については、小山騰『ロンドン日本人村を作った男』の他に、倉田喜弘『一八八五年ロンドン日本人村』（朝日新聞社、一九八三年）も参照。

（21）ジョン・ルーサー・ロング『原作蝶々夫人』（古崎博訳著、鎮西学院長崎ウエスレヤン短期大学、一九八一年）。

（22）アンソニー・アーブラスター『ビバリベルタ！――オペラの中の政治』（田中治男・西崎文子訳、法政大学出版局、二〇〇一年）三六四頁。

（23）W・L・シュワルツ『近代フランス文学にあらわれた日本と中国』（北原道彦訳、東京大学出版会、一九七一年）一五一頁。

（24）マルセル・プルースト『失われた時を求めて』一（鈴木道彦訳、集英社、二〇〇一年）九二～九三頁。以下の本文中に示す『失われた時を求めて』の訳は基本的に鈴木訳による。

（25）マルセル・プルースト『失われた時を求めて』一（淀野隆三・井上究一郎訳、新潮社、一九七四年）四九頁。

（26）増尾弘美「マルセル・プルーストとジャポニスム――『失われた時を求めて』の描写に見られる浮世絵の影響」（『文藝・言語研究　文藝篇』三九巻）二六頁。

（27）W・L・シュワルツ『近代フランス文学にあらわれた日本と中国』一五一頁。

（28）東田雅博『図像のなかの中国と日本』一二一～一三七頁。

（29）Jan Hokenson, "Proust's japonisme", p. 18; Kraus Berger, *Japonisme in Western Painting: From Whisler to Matisse*, Cambridge U.P., 1992.

（30）Jan Hokenson, "Proust's japonisme", pp. 24, 28.

（31）Ibid., p. 32.

4章　新しい研究

1　ジャポニスムとシノワズリーの関連性

ジャポニスムの研究は、近年ますます盛んである。3章で紹介したアーヴィンの編著のように、工芸品の影響を中心とする研究などもあるが、ここではまずシノワズリーとの関係を論じたものを取り上げよう。つぎに、二〇一三年に大英博物館で大規模な「春画展」が開催されるなど近年春画が注目されていることから、春画でジャポニスムを論じたものを取り上げよう。

近年の研究で、先に述べたようなシノワズリーとジャポニスムの従来の評価を見直すべきだという研究が現れている。二〇一一年にミシシッピー美術館で開催された「表現されたオリエント　日本の西洋美術への影響、一八五四―一九一八年」展に合わせて出版された同名の図録である。ここに掲載されたP・チューの論文「シノワズリーとジャポニスム」は、これまでのシノワズリーとジャポニスムの評価を見直すべきだと主張している[1]。彼女が直接批判するのは、マイケル・サリバンの研究である。サリバンは一九七三年に出版した『西洋世界と東洋世界の美術の出会い』という大変興味深い著書のなかで、一八世紀のシノワズリーから一九世紀のジャポニスムへの移行をつぎのように説明している。

一九世紀の初頭、シノワズリーが簡素な新古典主義の台頭によって圧倒されたとき、ヨーロッパのオリエントとの戯れ――まさにその程度のものであった――は終わった。……さらに、一八五八年には、一八世紀の中国の磁器につ

▲図36　ジェームズ・アンソール『シノワズリーのある静物』(1906〜07年)

いての書物の翻訳が出版された。これらは、中国の文献の翻訳であり、中国美術の研究ではなかった。これらが影響を与えることはなかった。しかし、この二年前に、全く別の方向で、遂に真のオリエンタル芸術の理解に道を開くことになる、一見些細な出来事が起こっていた。[2]

「一見些細な出来事」とは、ブラックモンの『北斎漫画』発見のエピソードのことである。つまり、ジャポニスムの始まりとされることもある出来事である。シノワズリーとはしょせん「オリエントとの戯れ」でしかなく、一九世紀後半には「真のオリエンタル芸術の理解」、すなわちジャポニスムに取って代わられる。チューによれば、こうしたモダニスト的な単純な説明は拒否されなければならない。「戯れ対理解、あるいはエキゾティックな意匠の皮相な借用対新しい、フォーマルな諸特徴の考え抜かれた採用という観点からのシノワズリーとジャポニスム」[3]の対比は支持できないというのがチューの立場である。彼女はこうした立場を、ベルギーの画家ジェームズ・アンソール(一八六〇〜一九四九)の『シノワズリーのある静物』によって説明してみせる。

チューによれば、「ジャポニスムの最盛期である一九〇七年に描かれた」この作品のシノワズリーは、「中国のモノと日本のモノとの折衷的な混合」からなり、またこの作品には「平面的空間はなく」、「伝統に反する構成」を示すものもない。しかし、この作品は一九世紀中葉のアカデミーにすんなり受け入れられる作品でもない。つまり、これはサリバンの単純な理解によっては説明できない作品なのである。[4]

チューは、さらにつぎのようにサリバン批判を続ける。サリバンは一八四〇代から五〇年代には、「カタイの幻影が惨めで野蛮な国としての中国イメージ」に取って代わったと理解している。だが、実際には中国に関する多くの旅行記が刊行されたこともあり、「新たな中国の幻影」が生まれ、かつ古い中国の幻影も無くなってしまったわけではないのである。そして、ジャポニスムも、モダニズムだけではなく、エキゾティシズムも含むものであった。[5] こうして、チューは「西洋の芸術家の極東の芸術と文化との出会い」については、より複雑な現象として理解すべきだというのである。[6]

チューの議論には問題点も散見されるが、サリバンのようなシノワズリーとジャポニスムの理解と評価には問題があるとの指摘はその通りであろう。もちろん国によって違いはあるが、一般的にはジャポニスムの最盛期は一九世紀の末葉であろうから、一九〇七年を最盛期とするのは無理がある。また、サリバンのようなシノワズリーとジャポニスムの評価はすでにオナーによってなされており、サリバンの前にまずはオナーを批判すべきだろう。チューの論文には、オナーも、やはり優れたシノワズリーの研究を残したオリバー・インピーも出てこない。シノワズリーをタイトルに掲げる論文で、オナーの文献に触れてさえいないのは考えられない。

だが、チューのサリバン批判自体は有効である。とくに、一八四〇、五〇年代に中国についての肯定的なイメージが無くなってしまうのではなく、なお残存するというのは、筆者が拙著『柳模様の世界史』で明らかにしたように、その通りである。また、一八世紀の戯れから一九世紀の原理的理解へと単純に進化するわけではない、というのもその通りである。ジャポニスムにモダニズムだけではなく、エキゾティシズムの要素もあったことはたしかであり、だからこそ先に述べたように、ジャポニスムを広く定義する必要があるのである。

しかしながらチューの議論では、一七、一八世紀のシノワズリーが単なる「戯れ」ではなかったとしながらも、何をなしたのかがよく分からず、モダニズムに貢献したのかどうかも分からない。彼女は「文化史のリオリエント」に関連する文献には全く触れていないので、これはやむをえないであろう。したがって、モダニズムに貢献したかもしれないシノワズリーがジャポニスムを準備したという発想もない。シノワズリーとジャポニスムの評価の見直しは「文化史のリオリエント」なしには十分ではないのである。

さらに、一九世紀にもシノワズリー的な中国イメージが残存したという点についても、それはその通りだが、ではどうしてそのことが中国の文化的な力の評価に繋がらなかったのかという問題が理解されていない。すでに指摘しておいたように、この時代の日本と比べての中国イメージの悪さがそうしたイメージを押しつぶしてしまったのである。

チューの議論そのものは十分ではないし、さほど新味があるわけでもない。ただ、彼女は具体的に作品を通して従来のシノワズリーとジャポニスムの評価の見直しを迫っている。ここは認めるべきだろう。また、チューの議論がジャポニスム研究のなかで現れたことも評価すべきだろう。こうした試みは、おそらくヴィヒマン以来であるからだ。

2　春画とジャポニスム

さてつぎに春画を取り上げたい。かつて纏足について研究していたときに、中国の春画を見たことがある。纏足と性愛とはかなり関係が深いらしい。だが、その春画はじつにお粗末であった。いささかオーバーな表現だが、まるで下手な漫画という印象を受けた。中国には『金瓶梅』や『肉蒲団』など、世界に誇るポルノグラフィーがあるというのに何とも解せないことである。これも興味を惹かれる問題だが、ともかく中国の春画はどうもぱっとしない。これに比べると日本の春画はたしかに素晴らしく、芸術的な雰囲気が漂う。大英博物館で大々的な春画展が開催されたのも不思議ではない(7)。

この春画展は二〇一三年に開催され、その後、日本でも開催される予定であった。だが、なかなか日本では開催場所が決まらず、ようやく二〇一五年に東京の永青文庫で開催され、続いて二〇一六年に京都の細見美術館で開催された。いずれも大英博物館のようなメジャーな美術館ではない。

春画展が開催されたとはいえ、やはり、まだ日本では春画への偏見が強そうである。もちろん、日本以外の所でも多かれ少なかれ偏見はあるだろう。そのためであろうか、ジャポニスムを論じる際に春画は避けられてきたような気がする。避けていなくても、その重要性に見合った言及はなされてこなかったように思われる。実際、これまで春画を主たる資料とするジャポニスム研究はなかった。ようやく、大英博物館での春画展が開催されたのと同じ二〇一三年にリカル・ブルの『春画のジャポニスム』[8]なる注目すべき著書が出版された。

ブルは大英博物館での春画展のために出版された図録『春画――日本芸術における性と快楽』[9]にも論文を載せている。本章ではこの単著の方を取り上げるが、この図録についても簡単に紹介しておこう。この図録はジャポニスムよりは春画そのものに焦点を合わせている。そして、この図録は石上阿希ら日本の研究者も動員した春画についての本格的な研究である。中国の房中術書に起源を持つ日本の春画の歴史が詳細に語られ、春画が日本社会においていかなる意味を持っていたかが明らかにされている。本書を読めば春画が単なるポルノグラフィーではなく、芸術であったことが理解されるであろう。であればこそ、パブロ・ピカソらの多くの西洋の芸術家に大きな影響を与えたのである。今後の春画研究にとって不可欠の書物となるだろう。

では、ブルの著作を見ていこう。この著作も春画そのものの歴史を丁寧に辿り、また日本の春画と西洋の「春画」の類似性と差異なども論じる。そのうえで、春画がヨーロッパの芸術家たちにどのような影響を与えたのかを見ていく。なかなか興味深い議論もある。たとえば、フランスの写実主義を代表する画家ギュスターヴ・クールべの有名な『世界の起源』（一八六六年）が、春画の影響を受けていた可能性を探る[10]。あるいは、ブルはヨーロッパの芸術家たちにとりわけ大き

▲図37　北斎『喜能会之故真通』部分（1820年頃）

▲図38　ピカソ『女と頭足類』（1903年頃）

な影響を与えた作品が、北斎の蛸と海女の絡む姿を描いた『喜能会之故真通』Kinoe no komatsu である、という。ブルによれば「この主題は北斎の作品が広まるとともに、西洋世界に途方もない衝撃を与えた[11]」のである。実際、オーギュスト・ロダンやパブロ・ピカソなど様々な芸術家がこの主題に触発された作品を残している。このように、たしかに春画は一般の浮世絵に劣らず大きな影響を与えたといえる。春画とヨーロッパの芸術家たちの作品との関係を探っていくことは、もちろんきわめて重要なことである。

　しかし、われわれにとって何よりも知りたいのは浮世絵一般にはない、春画の影響は何であったのかである。つまり、春画でなければ起こりえなかった影響はあるのかということである。ブルは、春画はヨーロッパの芸術家たちに対して、「一八八〇年代以降、性とエロティシズムを描く新しい方法に進むよう促した[12]」という。これは、たしかに春画ならではの影響である。だが、これだけだろうか。もう少し何かないのだろうか。

　エドモン・ド・ゴンクールの春画の捉え方に注目した

い。日本の美術工芸を褒め称えたエドモンであるから、もちろん春画も高く評価している。エドモンの著作『青楼の画家、歌麿』にはつぎのようにある。

日本の民族のエロティックな絵画は、高潮した筆致、猛り狂うような性行の激しさ、熱狂など、まさに研究に値するものである。室内の屛風をひっくりかえす発情した男女の転倒、……顔には『小さな死』の表情を浮かべた女の忘我。さらに陰茎を描く力強い線描は、ミケランジェロ作とされるルーヴル美術館の素描に匹敵する力量を見せる(13)。

まさに激賞である。『青楼の画家、歌麿』は、一八九一年に刊行されたものだが、エドモンはもちろんそれ以前から春画に傾倒していた。

一八六三年一〇月初めのゴンワール兄弟の日記に春画が登場する。

先日日本の猥褻な画帳を買った。それはわたしを喜ばせ、楽しませた。わたしの眼を魅了したのだ。それは観ているうちに猥褻さを超越し、いつしか幻想に変わってしまうのである。

暴力的なまでの線、思いもよらない交接の様、装飾品の配置、奇想的なポーズ、ピクチャレスク、そしていわば性器の田園風景。これを見るとギリシャ芸術のことを考えてしまう。完成してはいるが退屈である。アカデミックであることから決して逃れられない芸術(14)。

早くも一八六〇年代の初めには、春画がパリに広まっていたことが分かる。このことも興味深いが、ここで問題にしたいのは、「いつしか幻想」に変わる、こうした春画がもたらす感覚、衝撃が絵画にどう影響するのかである。

ブルもこの日記を取り上げているが、この一文から読み取ろうとするのは、春画がヨーロッパに広まった早さと、当時のパリがヨーロッパにおける、こうしたエロティックな文化の首都であったことである(15)。しかし、この一文から春画に独特な力を読み取れるように思われるのである。この力が、ヨーロッパの芸術家たちの作品にどう作用したのか。こうした問題を解明することができれば、春画のジャポニスムはもっとおもしろくなるのではないか。ともあれ、春画のジャポニスムはまだまだ研究の余地がありそうである。

（1）Petra ten-Doesschate Chu, "Chinoiserie and Japonisme", in Gabriel P. Weisberg, ed., *The Orient Expressed: Japan's Influence on Western Art, 1854-1918*, University of Washington Press, 2011.
（2）Michael Sullivan, *The Meeting of Eastern and Western Art*, pp. 113-114.
（3）Petra ten-Doesschate Chu, "Chinoiserie and Japonisme", p. 99.
（4）Ibid., pp. 95-94.
（5）Ibid., p. 99.
（6）Ibid., p. 103.
（7）筆者が纏足との関連で見た中国の春画はつぎの文献に紹介されていたものである。Bret Norton (ed.), *The Golden Lotus*, Astrolong Publishing House, 2001. なお、纏足については拙著『纏足の発見――ある英国女性と清末の中国』（大修館書店、二〇〇四年）参照。
（8）Ricard Bru, *Erotic Japonisme: The Influence of Japanese Sexual Imagery on Western Art*, Hotei Publishing, 2014.
（9）Timothy Clark (ed.), *Shunga: Sex and Pleasure in Japanese Art*, Hotei Publishing, 2013.
（10）Ricard Bru, *Erotic Japonisme*, p. 10.
（11）Ibid., p. 90.
（12）Ibid., p. 148.
（13）エドモン・ド・ゴンクール『歌麿』（隠岐由紀子訳、平凡社東洋文庫、二〇〇五年）一一四頁。
（14）Lionel Lambourne, *Japonisme*, p. 34. この日のエドモンの日記には邦訳がない。やはり、春画はこれまで避けられてきたような気がする。
（15）Ricard Bru, *Erotic Japonisme*, p. 36.

Ⅱ部

ジャポニスムで近代日本の歴史を読む――「歴史総合」試案

5章　ジャポニスムは近代史のなかにどう位置づけられてきたのか

1　高校でジャポニスムを学ぶ意味

以下は、ジャポニスムで近代日本の歴史を読もうとする試みであるが、同時にこれを新たに設けられようとしている「歴史総合」なる科目に生かそうとする試みでもある。そこで、そもそもどうして高校でジャポニスムを学ぶ必要があるのか、そこにどのような意味があるのかをまず述べておこう。

この「歴史総合」なる科目は日本史と世界史を融合し、近現代における日本の歴史をグローバルに学ぶことを目指しているようである。日本の歴史をグローバルに理解できることは、われわれの時代には是非とも必要だと思われるので、こうした科目が新設されることは歓迎すべきことであろう。

とはいえ、こうした科目の中身を考えることはかなり難しいことである。筆者はこの科目のひとつの軸に、ジャポニスムを据えるべきだと考えている。ジャポニスムは、日本の近代を考える場合、決定的に重要な一九世紀後半から二〇世紀初頭にかけて起こった現象である。この時代に日本の美術工芸品が、主として万国博覧会を舞台としてヨーロッパ、そしてアメリカにもたらされ、そこで重大な影響を与えた。この現象は、この時代の日本と欧米世界との関係を考えるうえできわめて重要な出来事なのである。さらに、この現象は中国にもかかわっていた。このジャポニスムより以前の一七、一八世紀を中心にヨーロッパで中国の美術工芸品をもてはやすシノワズリーと呼ばれる現象が起こっていたのである。すでに指摘しておいたように、これらの現象はじつはかなり密接な関連を持っていたので、ジャポニスムを軸に日本、中国、欧米世界とのきわめて興味深い関係を見ていけるのである。

さらに、ジャポニスムは日本の文化的な地位だけでなく、政治的な地位にもかかわっていた。この点はかなり皮肉というべき側面を持っている。一九世紀後半に欧米が日本に惹かれたのは、美術工芸品などの文化的な側面であった。欧米の人々は、日本の伝統的な文化に心惹かれたのである。一八五一年にイギリスで始まり、その後各地で、開催された万国博覧会で眼にすることになった日本の陶磁器や漆器、あるいは浮世絵などに熱狂した。日本の方でも欧米の人々に受けることを狙って作品を作り、万博に展示し、海外に日本のモノを売り込んだのである。そして、欧米は日本ブームに沸いた。だが、日本はいうまでもなく明治期以降に文明開化を推し進めた。これは、日本にとって先進的と思われた西洋的文明を、あらゆる側面で受容することであった。その過程で、日本は欧米の人々が憧れ、模倣し、あるいは研究してわがものにしようとした伝統的な美術工芸、文化を軽視、あるいは放棄して、西洋の美術、文化を積極的に受容しようとしたのである。こうして次第に日本ブームは廃れるが、一方で日本は日清戦争以降、軍事的に欧米から認められることになる。そして、日本は文化よりもむしろ軍事を誇る国家となっていく。そのあげくに先の大戦に行き着くことになる。ジャポニスムの歴史は、こうした日本の姿も映し出すことができる。

このように、ジャポニスムは文化の面に限らず日本の近代をじつに興味深く学べる材料を提供しうるのである。そして、こうしたジャポニスムを学ぶことは、日本にとってのジャポニスムの意味を考えることにもなる。ところがこれまで多くのジャポニスムの研究がなされてきたにもかかわらず、ジャポニスムが日本にとってどのような意味を持ったのかについては、あまり考えられてこなかったように思われる。

2 西洋史の場合

近代日本の歴史をジャポニスムで読もうと試みるとき、これまでジャポニスムが近代史のなかにどう位置づけられてきたのかを知っておく必要がある。ジャポニスムという誠に興味深い現象は、あまりに狭く定義されてきたこともあり、これまで近代史のなかに正当に位置づけられてきたとはいえない。あくまでも美術史の問題として処理されてきたのである。この点を西洋史と日本史の場合について具体的に見ていこう。

ジャポニスムは日本の美術工芸品が西洋に与えた衝撃が生み出した現象であるから、日本史よりも西洋史においての方が状況が少しはましであってもよいかもしれないが、そうでもなさそうである。

まずはエリック・ホブズボームの『帝国の時代』を取り上げよう。ホブズボームは二〇世紀最高の歴史家の一人と呼んでも差し支えないだろう。その著書のなかで、ジャポニスムはどう扱われているのだろうか。

時代は「帝国の時代」であるから、西欧列強が非西洋世界を支配している時代である。そこで、つぎのような問題を提示する。「逆に従属的世界が、支配する側の世界に与えた影響はどのようなものであったろうか」。こうした文脈で以下のように述べる。

芸術の分野では、特に視覚芸術において、西欧のアヴァン・ギャルドが、非ヨーロッパ文化を自らと全く対等に扱っている。彼らはこの時期に、非ヨーロッパ文化によって大いに鼓舞されている。非ヨーロッパ文化のこうした影響は、いかに異国風であっても、洗練された文明を代表すると考えられた芸術（例えば、フランス人画家への影響が顕著であった日本芸術のように）についてばかりでなく、「原始的」と考えられた芸術、とくにアフリカやオセアニアの芸術についても見られた。それらの「原始主義」が主要な魅力であったことは確かであるが、二〇世紀初めのアヴァン・ギャルド世代の人々は、そのような作品を芸術として、――それもしばしば偉大な芸術として――、その出所いかんにかかわらず、それ自体が有する価値において評価することをヨーロッパ人に教えたのである[1]。

見られる通り、ジャポニスムという用語は使用していないが、「フランス人画家への影響が顕著であった日本芸術のように」のあたりは従来ジャポニスムとして知られてきた現象である。つまり、この一文で取り上げられているのは、これまで美術史家たちが非西洋世界の文化が西洋世界にもたらしたとする、ジャポニスムやプリミティヴィズムなどの現象である。これらの現象をこの著書のなかで、しかも「芸術の変容」という章があるにもかかわらず、「帝国の時代」という章で取り上げているところがさすがホブズボームということになる。ただ、ここではあくまでも芸術の問題と限定されている。これでは遺憾ながら、ジャポニスムの重要さがあまり伝わってこない。

つぎにT・C・W・ブラニングが編集し、二〇〇〇年に出版された、一九世紀のヨーロッパについての概説書がある。ここにはジャポニスムや、それに関連する現象についての記述はない。ジャポニスムは、先に見たように、万博と深い繫がりがあるのだが、ここにはそもそも万博関係の記述がほとんどない。自信に満ちた時代として、一八五一年にイギリスで開催された、世界で初めての万博とされる大博覧会に触れているのみである[2]。

C・マシューが編集し、やはり二〇〇〇年に出版された、一九世紀のイギリスについての概説書では、イギリスでのジャポニスムの主導者の一人ホイッスラーについて触れている。「都市、建築、芸術」と題された章につぎのような一文が見える。

フランスにおける芸術は道徳的基準にさほど囚われることはなかった。イギリスの画家たちが世紀の終わり頃に救いを求めたのは……フランスの主題とテクニックであった。先駆者はアメリカ人のジェームズ・アボット・マクニール・ホイッスラーであった。ホイッスラーはパリ滞在を経て一八六三年にロンドンに落ち着いた。ホイッスラーの審美主義革命は詩人で批評家のゴーティエとボードレールによって影響されており、友人ワイルドの文学論に似ていた。

近代の主題を捨てることはなかったが、主題が絵画のポイントであることを否定した。ホイッスラーは都市のビネット（輪郭をぼかした絵）をノクターンと、そしてポートレートをアレンジメントと名付けた。日本芸術の魔力の下で、ホイッスラーは絵を平板にし、ほとんど出任せのように視点を選んだ。(3)

「日本芸術の魔力の下で」とは、もちろんジャポニスムのことである。しかし、ここにはジャポニスムという現象を説明しようとするスタンスはない。また、大博覧会についての記述はあるが、イギリスでのジャポニスムが始まったとされる一八六二年万博の記述はない。

では、つぎに二〇〇六年にイギリスのブラックウェル社から出版された、定評のあるヨーロッパ史の入門書を取り上げてみよう。そこに「一九世紀におけるヨーロッパ文化」という章がある。ここにジャポニスムが登場することを期待したいところである。もちろん印象派は取り上げられている。マネやモネ、ドガ、そして後期印象派としてゴッホなどについて触れられている。しかも、マネについてはある批評家が「マネの絵画の平面性」を批判したことを指摘している。にもかかわらず、日本の絵画についても、いやジャポニスムについて一切触れていないのである。(4) マネ、あるいは印象派の平面性への指向が、日本の影響であることは美術史家の常識といえることだろう。いや、少なくともジャポニスムを知る美術史家にはそうであろう。かつて、ある美術史家が、日本の芸術が一九世紀後半のヨーロッパの芸術に決定的に重要な役割を演じたことが「意識的に、あるいは無意識的に放念」されていると指摘したことがあるが、(5) この指摘は残念ながら未だに有効であるようだ。ジャポニスムの研究が隆盛を極めているにもかかわらず、文化史、あるいは美術史のなかでさえも、なおジャポニスムを理解できない、あるいは理解しようとしない人々が残存しているようである。付言すれば、この入門書で日本が登場するのは「植民地主義」の章である。帝国主義国家としての日本の台頭が描かれているのだが、後に述べるように、こうした姿とジャポニスムの日本を対比的に見ることが興味深いのである。

今度は二〇〇七年に、やはりブラックウェル社から出版されたイギリス史の入門書である。この一九世紀を扱った巻に

「芸術」という章がある。ここにもホイッスラーは登場するが、「日本芸術の魔力」は見えない。また、ギルバートとサリバンの『ミカド』も挙げられているが、ただ列挙されているだけである。(6)

つい最近出版されたばかりの南塚信吾・秋田茂・高澤紀恵編著『新しく学ぶ西洋の歴史――アジアから考える』は、副題の通り、アジア、とりわけ日本との関係から西洋の歴史を捉えようとするきわめて斬新な歴史書である。これまでにない歴史の見方が提示されていて非常に興味深い。こうした視角から西洋の歴史を見るのであれば、シノワズリーやジャポニスムが近代史のなかに適切に位置づけられているだろうと大いに期待される。しかしながら、残念なことに、ここでもアジアと西洋との文化交流の重要な一局面としてジャポニスムが取り上げられているわけではない。ここでジャポニスムに触れられているのは、一八六七年のパリ万博での日本の展示がジャポニスムの契機になったとの指摘と北欧の芸術家への日本の影響への言及だけである。(7)

では世界史の方ではどうだろうか。『岩波講座　世界歴史』でも、ジャポニスムが東西の文化交流の重要な一局面であるとの認識はなさそうである。わずかに、第二二巻『産業と革新　資本主義の発展と変容』のなかの鈴木良隆の論文「模倣と革新　J・ウェッジウッド、森村市左衛門、もう一つの産業化」にジャポニスムが見えるだけである。製陶業を営む森村市左衛門（一八三九～一九一九）が活躍したのはまさにジャポニスムの時代であったので、当然ジャポニスムに言及されることになる。とはいえ、主題はこの時代の製陶業の変化であって、ジャポニスムではない。(8)

残念ながら、これまでのジャポニスムについての捉え方がなお大きな力を持っていて、通史のなかにジャポニスムを正当に位置づけることを妨げているようである。

3　日本史の場合

では日本史ではどうであろうか。やはり、ジャポニスムが通史のなかに適切に位置づけられているとはいえないようである。これはジャポニスムが、日本にとってどのような意味を持ったのかについては、ほとんど研究されてこなかった事情から考えてやむをえないのかもしれない。

まず、東京大学出版会から二〇〇五年に刊行された歴史学研究会・日本史研究会編『日本史講座』では、ジャポニスムは取り上げられていない。また、岩波書店から二〇一三年から刊行されている『岩波講座　日本歴史』全二二巻にも、ジャポニスムは見当たらない。ジャポニスムは通史のなかで取り上げられるべき問題とは認識されていないようである。美術史の枠内で扱われるべき問題ということであろう。

ただし、二〇〇二年に刊行された『岩波講座　近代日本の文化史　第三巻　近代知の成立』に、佐藤道信の「日本美術という制度」という論文がある。この論文は、制度や政策の観点から「日本美術」の成立を論じたものであり、ジャポニスムを論じたものではない。だが、この時代はまさにジャポニスムの時代であって、少なくとも二〇世紀初頭のジャポニスムの終焉までは、「日本美術」はジャポニスムに強く影響されていた。そこで、この論文の陰の主題は、ジャポニスムであるといってもよいのである。佐藤によれば、「日本美術」は一八八〇年代まではジャポニスムの需要と嗜好を意識した経済戦略としての工芸品の輸出、一八九〇年代以降は条約改正・国威発揚を意識しての絵画と彫刻を中心とする一等国の文化的アピールが中心となった。前者の時期には、美術と殖産興業が融合していたのである。その美術はジャポニスムを意識したものであるから、工芸を中心としたものであったのである。後者の時期には、「一等国」にふさわしい「日本美術」の提示が企図されることになる。その中心となるのが絵画と彫刻であったわけだが、こうした美術はジャポニスムを追求する西洋世界にはほとんど影響を与えることはなかった。浮世絵、工芸品を中心とする西洋の日本美術観は、ほとんど変化がなかったのである。したがって、少なくとも二〇世紀初頭のジャポニスムの終焉までは、殖産興業と結びついた美術が対外的にはなお大きな役割を果たしていたことになる。このように、近代日本の歩みとジャポニスムとは大きな関連性を有していたのである。(9) この論文はジャポニスムを主題とする論文ではないが、ジャポニスムについて非常に有益な議論を展開している。

しかし、ジャポニスムを主題とする論文はなかなか見つからない。ところが、図書館のなかでひょっとしてと思い、手にとった『日本の対外関係』という叢書の第七巻『近代化する日本』(二〇一二年)に、ジャポニスムを発見した。しかも論文のタイトルが「ジャポニスムとシノワズリー」である。少々驚いた。なにしろ『シノワズリーか、ジャポニスムか』などという著書を刊行したばかりであったからだ。その論文の中身は、シノワズリーとジャポニスムについての通常美術史の方でなされる説明であった。ただ建築とデザインの分野で活躍したE・W・ゴドウィン(一八三三〜八六)の作品に関して、日本だけでなく中国にも影響を受けているとして「シノワズリーとジャポニスムは、単純に整理し、切り離すことのできない間柄にある」と述べている。シノワズリーとジャポニスムについては、シノワズリーの研究者は両者の関係を意識しているが、ジャポニスムの研究者はあまり意識せず、もっぱらジャポニスムだけに眼を向けていることが多かった。この論文の執筆者、小野文子はジャポニスム研究の専門家であるので、こうした指摘は日本のジャポニスム研究にも変化が出てきていることを窺わせる。

しかし残念なことに、小野は「シノワズリーにおいては、ヨーロッパの装飾芸術に大きな影響を与えた。しかし、磁器や漆器の受容に顕れているように、基本的にはロココ時代の装飾的特徴を補う形で、彼らの文化の中に浸透していった。一方で、ジャポニスムにおいては伝統的な日本美術にみられる本質がヨーロッパ美術に刺激を与え、西欧芸術の構造を揺るがした」とも述べている。ようするに、シノワズリーよりもジャポニスムの方がはるかに大きな衝撃をヨーロッパ世界に与えたのだという通説になお縛られているのである。だが、こうした通説は、繰り返し述べてきたように、もはや通用しない。

　このように問題はあるが、ともかくこの日本史の叢書にジャポニスムの論文を加えたことは、この叢書の編者たちの見識の高さを示すものであろう。ただし、編者たちがこの論文をどのような意図を持って、この『近代化する日本』に加えたのかはあまり明確ではない。また、論文自体も先に述べたように、基本的にジャポニスムについての美術史的な説明であり、近代化する日本にどうかかわるのかは殖産興業政策との関連以外にはよく分からない。これは著者が美術史の専門家であるからやむをえないのかもしれない[10]。

　やはり、ジャポニスムは通史のなかでは適切な場を与えられていないと判断できそうである。高校の世界史や日本史の授業でジャポニスムが適切に教えられていないのは、こうした学界の状況を反映しているのかもしれない。

（1）エリック・ホブズボーム『帝国の時代』Ⅰ（野口建彦・野口照子・長尾史郎訳、みすず書房、一九九三年）一一一、一一四頁。

（2）T.C.W. Blanning（ed.）, *The Short Oxford History of Europe: The Nineteenth Century*, 2000.

（3）Colin Matthew（ed.）, *The Short Oxford History of The British Isles: The Nineteenth Century*, 2000, p. 282.

（4）Stefan Berger, ed., *A companion to nineteenth-century Europe, 1789-1914*, Blackwell Pub., 2006, p. 299.

（5）David Bromfeld, "Japanese Art, Monet and the Formation of Impressionism: Cultural Exchange and Appropriation in Later Nineteenth Century European Art" in A. Gerstle & A. Milner（ed.）, *Recovering the Orient: Artists, scholars, appropriations*, Harwood Academic Publishers, 1995, p. 9.

（6）Chris Williams, ed., *A companion to nineteenth-century Britain*, Blackwell Pub., 2007, pp. 443-456.

（7）南塚信吾・秋田茂・高澤紀恵編著『新しく学ぶ西洋の歴史――アジアから考える』（ミネルヴァ書房、二〇一六年）一四

六、二一三頁。

（8）鈴木良隆「模倣と革新　J・ウェッジウッド、森村市左衛門、もう一つの産業化」（『岩波講座　世界歴史　第二二巻　産業と革新　資本主義の発展と変容』岩波書店、二〇〇〇年）八九〜一一七頁。

（9）佐藤道信「日本美術という制度」（『岩波講座　近代日本の文化史　第三巻　近代知の成立』岩波書店、二〇〇二年）五五〜八二頁。

（10）小野文子「ジャポニスムとシノワズリー」（荒野泰典・石井正敏・村井章介編『日本の対外関係　第七巻　近代化する日本』吉川弘文館、二〇一二年）三七九頁。

6章　ジャポニスムを近代史のなかにどう位置づけるのか

1　万国博覧会と戦争

ジャポニスムを近代史のなかに適切に位置づけることは、そうたやすいことではないが、万博研究の第一人者P・グリーンハルの日本に関する言及はその手掛かりを与えてくれる。2章で「西洋による日本の芸術の発見」は、一八六二年のロンドン万博以降の博覧会での展示によって起こったのだという一文を紹介した。その後に、日本の芸術がヨーロッパできわめて広範に、かつ深遠な影響を与えたとの一節が続く。

この年までには、日本の芸術はあらゆる芸術に明確に影響を与え、あらゆるモダニストの初期の発展の最も重要な源泉のひとつとなっていた。抑制的な装飾使用、遠近法のような効果を生む工夫の欠如、単純さへのこだわりが、日本様式の神髄であった。壁よりも枠組みに基礎をおく建築、最小限の内部空間の装飾、オープンプランとふすまの使用、装飾のない家具、版画と屏風の平面的色彩と大胆な構図が当時のヨーロッパでの実践とことごとく相反するものであった。それは印象主義者、審美主義者、アール・ヌーボーに関係した人々を捉えた。日本の芸術に特化した商店が流行った。……日本は西洋に歴史主義と折衷主義への成熟した代替物と、厄介な美学的哲学的な問題を引き起こすことなしに機械生産に適応できる一つの様式を提供した(1)。

引用文冒頭の「この年」とは、シカゴ万博が開催された一八九三年のことである。グリーンハルによれば、この時代の日本は欧米の芸術に、そして社会に決定的に重要な存在となった。

こうして日本は、その国際的地位を高めたはずである。だが、この時代の芸術の理解はかなり独特なものである。グリーンハルによれば、この当時かなり多くの人々が過剰な歴史主義に囚われたヨーロッパのデザインよりも非ヨーロッパ世界の様式の方が優れていると確信していた。グリーンハルはこうしたヨーロッパの人々の確信を「自らを優秀な人種、文明の運び手と考えている人々による驚くべき告白」だという。非西洋世界のデザイン、いや芸術が西洋世界のものよりも優れているのだとしたら、ヨーロッパ人の人種的優秀性の確信はどうなるのか、ということである。ところが、この確信にはつぎのような考え方が潜んでいた。

したがって、芸術は西洋諸国では本能に根ざしていない。……オリエント世界では、本能的な芸術的感情とでも呼ぶべきものが、美の源泉のなかで、とりわけ色彩において彼らの仕事を導いている。こうしたことは、西洋のもっとも文明的な国々、フランスでもその他の国々でも見られない。

これは、一八六七年のパリ万博の展示に関してある作家が述べたものである。もし芸術が本能に根ざすものであって、合理的な知性の所産ではないとすれば、「犯すべからざる帝国主義的な人種主義的秩序」を温存できよう。[2]日本がこの時代に欧米世界で芸術的な力を大いに認められたとしても、そのことが直ちに日本の帝国主義的な世界での地位を高めたわけではなかったのである。帝国的世界での地位の上昇、さらには帝国権力としての日本の認知は万博での展示だけでは十分ではなかった。

グリーンハルはつぎのように述べる。「日本は一八六二年以来欧米の博覧会で精力的に展示を行っていたが、帝国としての姿がはっきりするのは一九〇五年以降であった」と。[3]「一九〇五年以降であった」とは、もちろん、日露戦争での勝利が帝国としての日本の姿をはっきりと浮かび上がらせたということであろう。

日露戦争の重要性は特筆すべきものである。しかしながら、日露戦争だけが日本の「帝国としての姿」を浮かび上がらせるのに貢献したわけではない。まさにこの戦争と並行してアメリカで開催されていたセントルイス万博での日本の展示も日本の地位の向上にはきわめて重要な役割を果たした。一九〇四年に開催されたセントルイス万博は、日本にとって、万博のなかでも日本の国際的な地位の向上にとりわけ重要な役割を演じたと考えられる。まずタイミングのよさである。この万博は、繰り返すが日露戦争のさなかに開催された。そして、ここが重要なところであるが、ロシアは参加を見送った。だが日本は、ロシアと同様に参加を躊躇しても不思議ではない状況にありながら参加に踏み切った。しかも、相当大規模な展示を行い、かなり高い評価を得たのである。このことがアメリカ、そして世界の日本を見る眼を変えることになり、さらに日露戦争での勝利の影響を一層高めたのである。

こうしたセントルイス万博が果たした重要性を、日本の万博関係者は明確に認識していたようである。『聖路易萬國博覧会本邦参同事業報告』第一編の「総説」では、上述したような点に触れつつ、この万博を「実ニ我国ノ史上ニ特筆スヘキ快事」と呼んでいる(4)。セントルイス万博は、日露戦争の勝利に劣らずきわめて重大な役割を演じたのである。

ニール・ハリスは、フィラデルフィア万博からセントルイス万博までのアメリカで開催された万博での日本の展示の意味を論じた論文で、万博における日本の地位の変遷をつぎのようにまとめている。

フィラデルフィア万博で日本はエキゾティックだが芸術的な人々としてまず広く知られるようになった。その装飾や美学的幻想は折衷的なヴィクトリア朝時代のアメリカ人に適合的であった。シカゴ万博では日本人はかれらの近代化への熱心さと建築上の技術を示すことで彼らの主張を大いに広げた。日本は補完的な文化ではなく、それ自体理解する価値のある代替的な文化として現れつつあった。しかしなお何かが足りなかった。一九〇四年に、日露戦争での勝利とセントルイス万博でそれを補う機会がきた(5)。

ようするに、日本が世界の一等国としての地位を手に入れるためには、日露戦争とセントルイス万博の両方での勝利がどうしても必要であったのである。

2　一九一〇年日英博覧会

しかし、この時点で日本の帝国としての姿が誰の眼にも明らかになったわけではない。グリーンハルによれば、見まがうことのない帝国としての日本の姿が現れたのは、一九一〇年に開催された日英博覧会においてであった。この博覧会において、「日本の帝国的プライドが全面開花した」のである。(6)

では、そもそも日英博覧会とはどのようなものであったのか。簡単に見ておこう。まず、どうしてこのような博覧会が開催されることになったのであろうか。

日英博覧会の開催が決定されたのは一九〇八年のことであった。この決定の直前に日本で万博を開催するという構想、つまり日本大博覧会の開催の延期が発表されていた。したがって、このふたつの博覧会の関連も問題になろうが、それはここではさておき、ともかく一九一〇年に日英博覧会が開催されることになった。この博覧会は、イギリスの興行師、イムレ・キラルフィーの開催の誘いに在英大使であり、後に第二次桂太郎内閣に外務大臣として入閣した小村寿太郎が中心となって応じた結果であった。キラルフィーはこの時代のイギリスの最も有力な博覧会興行主の一人であり、一八九五年にはインド帝国博覧会、一八九九年に大英帝国博覧会、そして一九〇八年には英仏博覧会を開催していた。こうした実績を背景に、日英博覧会の開催を提唱したのである。その誘いに乗った小村の関心事は、日英同盟を締結した日英両国の関係強化であった。小村はとりわけ駐英時代に感じた反日感情を解消すべく、日本の真の姿を伝えることが必要と感じていたという。(7)

つぎに展示の有り様、展示品について見ていこう。まず、展示は、一号館（日本工業館）、二号館、二号館A（日本園芸館）、三号館（日本景色館）、一二号館（日本歴史館）、一三号館（日本織物館）、二三号館（東洋館）、二四号館（日本政府・各省出品館）、二六号館（日英美術館）などで行われ、さらに日本庭園が造営され、加えて様々な興行もあった。

注目すべき展示について簡単に紹介しよう。日本歴史館は、文字通り古代から現代にいたる日本の歴史を、それぞれの時代を表す衣装を着けた人形なども活用しながら説明する場であった。東洋館は、台湾、韓国、満州の特産物、たとえば台湾では茶や樟脳、韓国では絹織物、満州では繭や豆油などが展示され、また各地域の模型や人形などが展示された。日本政府・省庁出品館では陸軍省、海軍省、商船学校などから出品され、いずれの展示でも過去の戦役についての展示がなされたという。ただし、反日感情を恐れたのか日露戦争についての展示はなかった。日英美術館では、浮世絵、絵画、仏画、彫刻、蒔絵などの展示が行われた。

こうした展示の他に、様々な興行がなされた。たとえば、魔術女水芸、軽業、女剣劇、独楽回し、画工、七宝細工、桶製造職工、相撲などである。さらに、アイヌ村や台湾村などもあったという(8)。日本の真の姿を伝えるには、かなり問題のあるものも含まれていたようである。

▲図39　日英博覧会のポスター（『太陽』16巻９号）

では、この日英博覧会と帝国としての日本との関係を改めて見ていこう。この博覧会の公式ガイドは、日本を植民地権力として認知すべきだと主張している。

日本政府は、この建物全体をその植民地において、そして台湾、韓国、満州において成し遂げたものを展示するために使用している。……韓国は厳密には日本の植民地とは言えないが、利害の強い一致があるので、日本を植民地権力として描こうとする試みは韓国が含まれなければ完全ではないだろう。……台湾はもちろんあらゆる意味で日本の植民地である。一八九五年

▲図40　日英博覧会日本フェアの会場入り口

に中国との戦争で獲得されたものである。……そこの人々は未開である。……中国人は彼らを服従させられなかった。日本が新しい領地を支配しようとし、その植民地化を始めたのは当然である。(9)

「この建物」とは、グリーンハルの表現によれば、「日本の植民地の殿堂」である。とすると、これは二三号館、つまり東洋館のことであろう。東洋館は、つまるところ日本の植民地の展示場だというのである。グリーンハルはこの一節を基に先のように日英博覧会を「日本の帝国的プライド」が誇示された場と位置づけたのである。しかし、こうした捉え方は、イギリス帝国史研究の第一人者、ジョン・マッケンジーによってすでになされていた。彼は、一九八四年に出版された著書のなかでこの博覧会の意義をつぎのように述べる。

その博覧会は一九〇二年の日英同盟を文化的、人種的に正当化し、日本が商業と海軍において大国であり、帝国権力として登場することの妥当性を示そうとした。(10)

「人種的に」という部分について、マッケンジーは別のガイドブックから、つぎの一節を引用している。

われわれの奇妙な類似性、日本人とわれわれとの驚くべき類似は全体的なものである。この類似は、マナー、肉体的特質、頭部の形に明白である。骨相学の原理に通じているものには、その類似はきわめてはっきりしている。……

全体としては、このことは東洋と西洋とのシンパシーの成長にとって吉兆である。[11]
この当時、骨相学は人種的優劣を判断する有力な「科学」と信じられていた。この骨相学からして、イギリス人と日本人は人種として類似している、というのである。とすれば、先の「犯すべからざる帝国主義的な人種主義的秩序」という問題をクリアできたことになり、日本を帝国権力として認知するための障害は何もないことになるだろう。かくして、日本は帝国権力、軍事大国として歩んでいくことになる。とはいえ、こうした動きには警戒感もあった。グリーンハルは、この博覧会で「日本帝国軍も大規模に展示されたが、これは将来における日本の膨張の可能性を懸念する人々の不安を煽った[12]」という。

これまで、万国博覧会がジャポニスムの主要な舞台であったと述べてきた。とすると、この博覧会はどうであったのか。この点についても述べておく必要があるだろう。この時代には、まだジャポニスムの余韻が残っていたのだから。この日英博覧会には、もちろんジャポニスムに連なる展示もあった。日本の研究では、美術工芸品の展示があったことは分かるが、それがどのような意味を持つものかについては、ほとんど言及がない。しかし、マッケンジーは、大規模な日本美術の展示があったことに注目しており、これは日本人の「芸術への生まれながらの天分」を反映するものとされた、という[13]。実際、この当時のイギリスの新聞や雑誌での日本の美術工芸品についての評価は、かなり高いものであった。たとえば、博覧会の開幕直後の『タイムズ』紙（一九一〇年五月一六日号）の「日英博覧会での日本の絵画」と題する記事の冒頭は、つぎのように始まる。「現在シェファーズブッシュで見ることができる日本の絵画の展示は、これまで行われたどの展示よりもはるかに大きな影響をイギリスの絵画に与えるかもしれない」と。
日英博覧会は、ロンドン郊外のシェファーズブッシュで開催されていた。右の記事は日本の絵画を賞賛しているものであるが、賞賛の仕方はこれまでとはかなり違う。北斎などすでにかなり知られている浮世絵画家よりも、これまで一般にはほとんど知られていなかった仏画や、「一七、一八世紀の最も有名な装飾派の巨匠」尾形光琳、あるいは「一八世紀の最も有名な巨匠」円山応挙、さらには「一六世紀の狩野派の有名な巨匠」狩野元信などを丁寧に紹介している[14]。

同年五月二八日発行の『サタデー・レビュー』も、この時期には多くの美術展が開催されているが、そのなかで、とくに「シェファーズブッシュでの日本の素晴らしい古典芸術のコレクション」を取り上げる。日本は、「八世紀から一九世紀にいたる時代の巨匠たちの最上の作品」を送ってきたからである。この記事も光琳などに注目し、浮世絵でも北斎や歌麿よりもMatabeiつまり岩佐又兵衛（一五七八～一六五〇）の作品を賞賛している。しかも、この又兵衛を「日本人のなかで初めてあえて日常的風景を題材に選んだ」巨匠として紹介しているのである[15]。この一文でいいたいのは、岩佐又兵衛が浮世絵の創始者である、ということであろう。たしかに、岩佐又兵衛は、現在では「浮世絵をつくった男」とされている[16]。この時期には、日本美術への理解が相当深まっていたことが窺われよう。

このように、まだまだジャポニスムの時代であると考えたいところである。だが、少なくとも日本にとってはジャポニスムの時代は終わっていた。マッケンジーが主張するように、ジャポニスムに関連する展示よりも、「恐らくもっと重要なのは、日本の植民地、韓国、満州、台湾の展示があったことである[17]」。やはり、この博覧会は何よりも「日本が帝国クラブに加入する手段」だったのである。

日本の研究者たちのこの博覧会の捉え方も、マッケンジーやグリーンハルらのものと基本的には差がないようである。この時代の日本と万博との関連を研究した伊藤真実子は、「東洋館」での展示、すなわち台湾、韓国、満州の展示は、「事実上日本植民地館」であり、「日本がイギリスと同盟を結ぶパートナーたりうる東洋の盟主」であることを示しえた、という。実際、この博覧会に際して派遣されていた大阪朝日新聞記者の長谷川如是閑は、この展示を「事細かに見る英人があれば頗る日本の実力を識認する事が出来やうと思ふ」と紹介したという[18]。

しかし、この博覧会は日本での評判は必ずしもよくなかった。このあたりはマッケンジーやグリーンハルらの説明では分からない。博覧会への批判的コメントは、会期終盤以降に目立つようになったという。たとえば、一九一〇年七月七日の『萬朝報』の記事はこの博覧会は失敗だとする。この博覧会では、それまでの万国博覧会にもあった歓楽街のようなところが設けられ、先に見たように、そこで相撲の興行や大道芸、各種職人の実演、さらにはアイヌ村、台湾村まであった。日英博覧会といいながら、実質的には日本博であり、観客はこうした興行目当てでやって来ただけだというのである。長谷川も会期終盤には、展示について「日本を小さく美しいと思う見解」を増長させるだけだと批判したという。[19]

では、この博覧会での日本の展示は、本当にそれほどひどいものであったのか。日本において、この日英博覧会についていち早く研究した國雄行は、こうした見方に疑問を呈している。まず、この博覧会の日本側の目的は、「国交親善」と「貿易発展」であったという。しかし、日本側はこの博覧会を「純然タル最高等ノ美術及商品展覧会」にしようとしたのに対し、キラルフィーは人集めのための娯楽を最優先したのである。こうした思惑の不一致から、当然、日本側に不満が出ることになった。ところが、國によれば出品物はかなりよく売れたという。当初の販売予想が一万五〇〇〇ポンドであったのに対し、実際には二万一五八八ポンドの売上げがあったという。よく売れた物は、刺繍、陶磁器、象牙鼈甲細工、漆器、銀や銅の置物や花瓶、家具などである。こうした点を考えれば、この博覧会はさほど悲惨なものではなかったことになる。[20] さらに、マッケンジーやグリーンハルらが指摘していたように、日英博覧会の資料に見る限り、イギリスでは日本が帝国権力として認知を求めることを認め、日英の人種的類似性さえ主張されていた。

とすると、どうして日本側の評判がよくなかったのかを、今一度問いたくなるであろう。日本側はこの博覧会での興行を眼の敵にして失敗であったなどと非難したのであるが、見てきたように、それなりの成果を上げたのだともいえる。にもかかわらず、日本側に不満が募ったのは帝国権力としての自意識がいささか過剰であったことによるのかもしれない。伊藤がいうように、「一等国として列国と同じような威風堂々とした国家として諸外国に日本をアピールすべく、新たな日本像をたてるべきだという考えから、日英博覧会での日本表象への不満が噴出した」[21]のであろう。「新たな日本像」とは、欧米の帝国主義列強と同等の帝国権力たる日本のことになろう。いつまでも「小さい美しい国」のままであってはならないのである。「小さい美しい国」としての日本は、ジャポニスムの日本と読み替えてもよいだろう。もちろん、このジャポニスムが日本の国家的威信、名声を高めたことはいうまでもなかろう。だが、帝国主義の時代に、より相応しい国家的威信を高める方法が見つかったのである。おそらく、このあたりから日本はジャポニスムを捨てたわけではないとしても、別の日本の姿を世界にアピールすることを選び出したのだともいえよう。この意味では、この時代はやはり日本にとって大きな転換期であった。

3　中華的秩序の解体

日本は日露戦争で、いや、その前に日清戦争で勝利し、日本のイメージを変えつつあった。拙著『図像のなかの中国と日本』においてイギリスの風刺雑誌『パンチ』などを資料として示したように、日本はこの頃ジャポニスムに相応しい女性的イメージではなく、男性的日本＝武者のイメージを提供されるようになっていた。日本自身も、こうしたイメージが相応しいと感じ始めていたのである。日本にとっては、図41よりも図42の方が自尊心を満足させられたであろう。

こうして、日本が西欧の帝国主義国と同等の帝国権力として認知されていくプロセスは、いうまでもなくアジアにおける中華的秩序が解体されていくプロセスでもあった。アジア、とりわけ東アジアは長らく中国が盟主の位置を占めてきた。日本の帝国権力としての台頭は、こうした中国を中心とする国際秩序を最終的に破壊する過程でもあった。そして、日本が武者＝欧米と対等な帝国権力のイメージを提供されたのに対し、中国にはアジアにおける「病める大国」＝半植民地のイメージが与えられることになる[22]（一一三頁、図44）。図43（一一二頁）については、ジャポニスムと帝国権力のイメージが拮抗しているとの解釈も可能であろうが、図45（一一三頁）は明確に帝国権力のイメージで描かれている。

ジャポニスムは、日本が文明の先進国である中国のいわばお株を奪うことになった現象だとも考えられる。日本の美術

◀図41 「愛国主義の授業」(『パンチ』1904年7月6日号) 日露戦争序盤での勝利を受けて，ジョンブル(典型的イギリス人)が日本に教えを請うている。なおジャポニスムの余韻を感じさせる。

▶図42 日露戦争での日本の勝利がほぼ確実になった頃の挿絵(『パンチ』1904年12月28日号) クマの首もかなり印象的である。

▲図43　「奪還」（『パンチ』1905年１月11日号）　三国干渉で中国に還付した遼東半島を取り戻したということである。ジャポニスム的なムードも感じられるが，帝国日本のイメージがジャポニスムを圧しているようにも見える。

工芸品、広く文化の多くは元は中国を起源とするものであったが、この時代に中国を押さえて西洋世界に衝撃を与えることになった。もちろん、そこにはその前にシノワズリーの時代があり、中国の文化的な力が西洋世界にかなりの影響を与えていた、あるいはジャポニスムの主要な舞台であった万博で、中国が積極的な展示を行うことがなかったなどの事情もあった。だが、ともかく中国ではなく、日本の美術工芸品が西洋世界でもてはやされることになったのである。ジャポニスムは、日本がいわば文化の領域で中華的秩序を解体した現象なのだと捉えることもできるのである。これに並立、ないしは連続する形で帝国権力として台頭する日本が、いわゆる中華的秩序を最終的に破壊したともいえよう。前者については、意識的にというよりも結果的に、そして後者については意図的に。

この時代はいわゆる文明開化の時代である。そこには様々な位相があったが、ここで重要なのは日本、あるいは日本人のアイデンティティの確立という位相である。この時代に「日本画」が生まれ、「日本史」や「国史」という考え方が成立する。[23] この日本人のアイデンティティのなかでは、「小さい美しい国」＝ジャポニスムの日本は大きな場を与えられることはなかった、あるいは次第に影を薄くしていったのである。

◀図44 「もう一人の病める大国」（『パンチ』1889年１月８日号）右が中国，左がオスマン帝国。

▶図45 「盟友」（『パンチ』1905年10月４日号） ここでは日本は大英帝国と対等である。

ほぼ四〇年の間、日本に滞在し、変容する日本を見続けていたイギリスの日本研究家バジル・ホール・チェンバレンは『日本事物誌』の序論（第五版、一九〇五年）でつぎのように述べている。「一般的に言って、教育ある日本人は彼らの過去を捨ててしまっている。彼らは過去の日本人（今も部分的には過去の日本人なのだが）とは別の人間、別のものになろうとしている[24]」と。

（1）Paul Greenhalgh, *Ephemeral Vistas*, p. 148.
（2）Ibid.
（3）Ibid., p. 74.
（4）『聖路易萬國博覧会本邦参同事業報告』第一編（藤原正人編『明治前期産業発達史資料　勧業博覧会資料』二〇五、明治文献資料刊行会、一九七六年）五頁。
（5）Neil Harris, *Cultural Excursions: Marketing Appetites and Cultural Tastes in Modern America*, The University of Chicago Press, 1990, p. 48.
（6）Paul Greenhalgh, *Ephemeral Vistas*, p. 74.
（7）伊藤真実子『明治日本と万国博覧会』（吉川弘文館、二〇〇八年）一七三～一七四頁。
（8）同右、一七三～一九三頁。楠元町子「日英博覧会における日本の展示」（『愛知淑徳大学論集　文学部・文学研究科篇』第三九号、二〇一四年）二一頁。
（9）*Official Guide Japan-British Exhibition 1910*, Bembrose and Son（Paul Greenhalgh, *Ephemeral Vistas*, pp. 74-75）.
（10）John M. Mackenzie, *Propaganda and Empire: The manipulation of British public opinion 1880-1960*, Manchester U.P., 1988, p. 105.
（11）Penny Guide to the Japan-British Exhibition, Shepherd's Bush, 1910（John M. Mackenzie, *Propaganda and Empire*, p. 106）.

（12）Paul Greenhalgh, *Ephemeral Vistas*, p. 74.
（13）John M. Mackenzie, *Propaganda and Empire*, p. 106. 日本人の研究としては、注（7）（8）（20）で挙げた文献の他に、アイヌの展示に注目したつぎの研究がある。宮武公夫「黄色い仮面のオイディプス　アイヌと日英博覧会」（『北海道大学文学研究科紀要』二〇〇五年）。
（14）Hirokichi Mutsu, ed., *The British Press and the Japan-British Exhibition of 1910*, Routledge, 2001, pp. 59-61. これは日英博覧会に関するイギリスの新聞・雑誌の記事を集めたもので、日英博覧会の研究には不可欠な文献である。
（15）Ibid., pp. 73-74.
（16）辻惟雄『岩佐又兵衛――浮世絵をつくった男の謎』（文春新書、二〇〇八年）。
（17）John M. Mackenzie, *Propaganda and Empire*, p. 106.
（18）伊藤真実子『明治日本と万国博覧会』一八八頁。
（19）同右、一九三頁。
（20）國雄行「一九一〇年日英博覧会について」（『神奈川県立博物館研究報告　人文科学』第二二号、一九九六年）。
（21）伊藤真実子『明治日本と万国博覧会』一九七頁。
（22）東田雅博『図像のなかの中国と日本』一七二頁。
（23）荒野泰典「近代化する日本」（荒野泰典・石井正敏・村井章介編『日本の対外関係　第七巻　近代化する日本』吉川弘文館、二〇一二年）五三～五五頁。
（24）バジル・ホール・チェンバレン『日本事物誌』一（高梨健吉訳、平凡社東洋文庫、一九六九年）九～一〇頁。チェンバレンは、こうした日本の変化をかなり冷たい眼差しで見ていた。

おわりに

クールジャパンがどう評価されるのか。その評価が確定するのは、もちろんまだまだ先のことであろう。幕末・明治期のクールジャパン、つまりジャポニスムは間違いなく日本の文化の持つ力を世界に示したといえる。しかも、この力は今に続いているともいえる。先に紹介した『表現されたオリエント』において、その編者ガブリエル・ワイスバーグはつぎのように述べる。

西洋人は、恐れ、嘲笑、敬意、そして新しいものを創造しようとする願望、これらが複雑に混じり合った気持ちから日本を賞賛した。こうした曖昧さにも拘わらず、西洋の日本とジャポニスムへの関心は持続し、新たな追随者とテーマを獲得してきた[1]。

あるいは、『ジャポニスム』を著したランボーンはつぎのように述べる。

ジャポニスムが勝利したのは、一九世紀末に最も進歩的な芸術家やデザイナーによってほぼ同時に採用されたからであった。しかしそれはすべての流行と同じように、まもなく廃れた。しかしながらその影響力は、本のイラスト、ファッション、グラッフィク・アートにおいてなお続いている[2]。

このあたりは、ジャポニスムとクールジャパンとの関連性という問題も考えさせることになるだろう。つまり、今、クールジャパンとして日本の文化が世界に注目されているからジャポニスムに注目が集まっているのか、逆にジャポニスムの持続力によってクールジャパンが出来したのかである。

こうした問題は今後明らかにされることになるだろうが、ともかくこのジャポニスムの時代は、たしかに日本にとっては誇るべき時代であったといってよいだろう。だが、身びいき史観は慎まなければならない。

ジャポニスムの時代には日本の文化が欧米でもてはやされ、欧米の文化に多大な影響を与えた。これは間違いない。だが、このジャポニスムの時代の前にはシノワズリーの時代があり、ジャポニスムの準備をしていた可能性が高いことを認めなければならない。また、日本の美術工芸品を中心とする文化が、ジャポニスムの時代にもてはやされたことについては、日本に有利な、そして中国には不利な世界史的な環境があったからでもあることを知らなければならない。そのうえで日本の文化に対して、そしてジャポニスムの時代に誇りを持つべきである。

高校でジャポニスムについて学ぶべきだというのも、もちろんただ単にかつて日本の文化が世界で光り輝いていたことを知るべきだということではない。どのような世界史的な環境のなかでそういう事態が出来したのかを、しっかりと理解しなければならない。そうすれば、この時代の日本の運命の変転も、明確に理解できることになるだろう。

（1） Gabriel P. Weisberg, "Rethinking Japonisme: The Popularization of a Taste", in Gabriel P. Weisberg, ed. *The Orient Expressed*, 2011, p. 17.
（2） Lionel Lambourne, *Japonisme*, p. 220.

あとがき

筆者は大学在職中に大学のパンフレットに、「わたしの研究の背後にある基本的な関心事は異なる文化を持つ者が出会った時に何が生まれるのかということでした」という一文を寄せたことがある。異なる文明、文化を背負った人々が出会ったときに、もちろん互いの無知から繰り返し衝突が起こった。だが、その出会いが相互の文明、文化をより豊穣なものにする契機になることも多々あったはずである。

今日のように、まさに「文明の衝突」としか見えないような世界の情勢のなかでは、衝突の側面を無視することはできないが、異なる文明、文化を相互により多様で豊かなものとする出会いの場面、その果実をより積極的に描いていくことが求められているのではなかろうか。いうまでもなく、シノワズリーやジャポニスムは東洋と西洋との豊かな出会いの典型的な例である。こうした現象を、より広く知らしめたいのである。

文系学部の廃止要請ともとられかねない文科省の通達の影響は、なお残存しているようである。この通達にはさすがに世間の反発が強かったが、それでもそうした動きに同調するとはいわないが、利用しようとする勢力があることはたしかであろう。残念ながら大学のなかにもそういう人々がうごめいていそうである。こうした動きには、もちろん抵抗しなければならない。しかし、ただけしからんといっているだけでは、こうした動きを阻止することはできないだろう。人文学の成果を、こうした動きを押し込めてしまうような成果を、世に問う必要があるだろう。それは、ただ専門家だけに分かるような研究ではなく、より広く一般にも訴える力を持つような研究である必要があろう。異なる文明、文化への無理解、敵対が横行するかに見える今日、東洋と西洋との幸福な出会いと、その成果を語ることは大いに意味のあることだと考えている。

本書も、また多くの方々の様々なご支援によっている。これは人と人との出会いの問題である。この点では、わたしは非常に恵まれていたといえる。著書の出版に関しても、つねによき編集者に恵まれてきた。今回は、山川出版社の編集部の方々のお世話になった。感謝申し上げる。

やはり出会いである。様々な文化、文明、そして様々な人間が出会うことの重要性と有意義さを認識し、その面白さを知ることが、この世界を少しでも住みやすくすることになるのではないか。

二〇一六年春

観光客で賑わう兼六園近傍にて

東田雅博

主要参考文献——ほぼ本書で引用・言及した順に掲出する。

邦語文献

東田雅博『シノワズリーか、ジャポニスムか——西洋世界に与えた衝撃』(中央公論新社、二〇一五年)
ジャポニスム学会編『ジャポニスム入門』(思文閣出版、二〇〇〇年)
ジョン・マッケンジー『大英帝国のオリエンタリズム——歴史・理論・諸芸術』(平田雅博訳、ミネルヴァ書房、二〇〇一年)
『ゴンクールの日記』上・下(斎藤一郎編訳、岩波文庫、二〇一〇年)
アンドレ・グンダー・フランク『リオリエント——アジア時代のグローバル・エコノミー』(山下範久訳、藤原書店、二〇〇〇年、原著一九九八年)
ケネス・ポメランツ『大分岐——中国、ヨーロッパ、そして近代世界経済の形成』(川北稔監訳、名古屋大学出版会、二〇一五年)
『芸術新潮』(一九八八年一一月号)
東田雅博「万国博覧会研究の最近の動向——グローバリゼーションと大博覧会」(『金沢大学歴史言語文化学系論集　史学・考古学篇』第三号、二〇一一年)
大島清次『ジャポニスム——印象派と浮世絵の周辺』(美術公論社、一九八〇年)
宮永孝『文久二年のヨーロッパ報告』(新潮社、一九八九年)
淵辺徳蔵「欧行日記」(大塚武松編『遣外使節日記纂輯』第三、日本史籍協会、一九三〇年)
ラザフォード・オールコック『大君の都』(山口光朔訳、岩波文庫、一九六二年)
宮内悊「第二回ロンドン国際博覧会と日本の出品物について」(『九州芸術工科大学一般・基礎教育系列研究論集』四、一九七九年)
鹿島茂『絶景、パリ万国博覧会——サン＝シモンの鉄の夢』(河出書房新社、一九九二年)
伊藤真実子『明治日本と万国博覧会』(吉川弘文館、二〇〇八年)

久米邦武編『特命全権大使　米欧回覧実記』五（田中彰校注、岩波文庫、一九八二年）
東田雅博『大英帝国のアジア・イメージ』（ミネルヴァ書房、一九九六年）
『描かれた幕末明治——イラストレイテッド・ロンドン・ニュース日本通信　一八五三—一九〇二』（金井圓編訳、雄松堂出版、一九七三年）
西川智之「ウィーンのジャポニスム（前編）——一八七三年ウィーン万国博覧会」（『言語文化論集』第二七巻第二号、二〇〇六年）
レイモンド・ドーソン『ヨーロッパの中国文明観』（田中正美他訳、大修館書店、一九七一年）
ウォルター・クレイン『書物と装飾——挿絵の歴史』（高橋誠訳、国文社、一九九〇年）
マーティン・J・ウィーナ『英国産業精神の衰退——文化史的接近』（原剛訳、勁草書房、一九八四年）
マシュー・ペリー『日本遠征記』（土屋喬雄・玉城肇訳、岩波文庫、一九四八年）
ローレンス・オリファント『エルギン卿遣日使節録』（岡田章雄訳、雄松堂出版、一九六八年）
ロバート・フォーチュン『幕末日本探訪記——江戸と北京』（三宅馨訳、講談社学術文庫、一九九七年）
イザベラ・バード『日本奥地紀行』（高梨健吉訳、平凡社ライブラリー、二〇〇〇年）
アクレサンダー・F・V・ヒューブナー『オーストリア外交官の明治維新——世界周遊記〈日本篇〉』（市川慎一・松本雅弘訳、新人物往来社、一九八八年）
横浜開港資料館編『F・ベアト幕末日本写真集』（横浜開港資料館、二〇〇四年）
竹中亨『明治のワーグナー・ブーム——近代日本の音楽移転』（中央公論新社、二〇一六年）
エミール・ゾラ『ボヌール・デ・ダム百貨店』（伊藤桂子訳、論創社、二〇〇二年）
S・ビング編『芸術の日本——一八八八〜一八九一』（大島清次監修、芳賀徹・瀬木慎一・池上忠治訳、美術公論社、一九八一年）
W・L・シュワルツ『近代フランス文学にあらわれた日本と中国』（北原道彦訳、東京大学出版会、一九七一年）
アール・マイナー『西洋文学の日本発見』（深瀬基寛・村上至孝・大浦幸男訳、筑摩書房、一九五九年）
羽田美也子『ジャポニズム小説の世界——アメリカ編』（彩流社、二〇〇五年）
エミール・ゾラ『愛の一ページ』（ゾラ・セレクション第四巻、石井啓子訳、藤原書店、二〇〇三年）
吉田典子「ゾラ『愛の一ページ』と印象派絵画——モネとルノワールを中心に」（『国際文化学』創刊号、一九九九年）

高橋愛「ゾラにおけるジャポニスムの問題——美術批評と『愛の一ページ』の関係をめぐって」(『Gallia』五〇、二〇一一年)
ギ・ド・モーパッサン『ベラミ』(田辺貞之助訳、新潮文庫、一九七六年)
ギ・ド・モーパッサン『ピエールとジャン』(河出世界文学大系35 モーパッサン、杉捷夫訳、河出書房新社、一九八〇年)
ピエール・ロチ『お菊さん』(野上豊一郎訳、岩波文庫、一九八八年)
ピエール・ロチ『秋の日本』(村上菊一郎・吉永清訳、角川文庫、一九九〇年)
オスカー・ワイルド『ドリアン・グレイの画像』(西村孝次訳、岩波文庫、一九九〇年)
オスカー・ワイルド「嘘の衰退」(西村孝次訳『オスカー・ワイルド全集』4、青土社、一九八九年)
ラドヤード・キプリング、H・コータッツィ/G・ウェッブ編『キプリングの日本発見』(加納孝代訳、中央公論新社、二〇〇二年)
輪湖美帆「オスカー・ワイルドの『唯美主義』再考への覚書——"The Decay of Lying" におけるジャポニスム」(『リーディング』第二六号、二〇〇五年、U Tokyo Repository)
東田雅博『柳模様の世界史——大英帝国と中国の幻影』(大修館書店、二〇〇八年)
小山騰『ロンドン日本人村を作った男——謎の興行師タナカー・ブヒクロサン 一八三九—九四』(藤原書店、二〇一五年)
倉田喜弘『一八八五年ロンドン日本人村』(朝日新聞社、一九八三年)
ウィリアム・シュウェンク・ギルバート『喜歌劇 ミカド——十九世紀英国人がみた日本』(小谷野敦訳、中央公論新社、二〇〇二年)
ジョン・ルーサー・ロング『原作蝶々夫人』(古崎博訳著、鎮西学院長崎ウエスレヤン短期大学、一九八一年)
アンソニー・アーブラスター『ビバリベルタ!——オペラの中の政治』(田中治男・西崎文子訳、法政大学出版局、二〇〇一年)
マルセル・プルースト『失われた時を求めて』(鈴木道彦訳、集英社、一九九六~二〇〇一年)
マルセル・プルースト『失われた時を求めて』(淀野隆三・井上究一郎訳、新潮社、一九七四年)
増尾弘美「マルセル・プルーストとジャポニスム——『失われた時を求めて』の描写に見られる浮世絵の影響」(『文藝・言語研究 文藝篇』三九巻、二〇〇一年)
東田雅博『図像のなかの中国と日本——ヴィクトリア朝のオリエント幻想』(山川出版社、一九九八年)

エドモン・ド・ゴンクール『歌麿』（隠岐由紀子訳、平凡社東洋文庫、二〇〇五年）
東田雅博『纏足の発見――ある英国女性と清末の中国』（大修館書店、二〇〇四年）
エリック・ホブズボーム『帝国の時代』Ⅰ、Ⅱ（野口建彦・野口照子・長尾史郎訳、みすず書房、一九九三・一九九八年）
南塚信吾・秋田茂・高澤紀恵編著『新しく学ぶ西洋の歴史――アジアから考える』（ミネルヴァ書房、二〇一六年）
鈴木良隆「模倣と革新　J・ウェッジウッド、森村市左衛門、もう一つの産業化」（『岩波講座　世界歴史　第二二巻　産業と革新　資本主義の発展と変容』岩波書店、一九九七年）
佐藤道信「日本美術という制度」（『岩波講座　近代日本の文化史　第三巻　近代知の成立』岩波書店、二〇〇二年）
小野文子「ジャポニスムとシノワズリー」（荒野泰典・石井正敏・村井章介編『日本の対外関係　第七巻　近代化する日本』吉川弘文館、二〇一二年）
藤原正人編『明治前期産業発達史資料　勧業博覧会資料』二〇五（明治文献資料刊行会、一九七六年）
國雄行「一九一〇年日英博覧会について」（『神奈川県立博物館研究報告　人文科学』第二二号、一九九六年）
辻惟雄『岩佐又兵衛――浮世絵をつくった男の謎』（文春新書、二〇〇八年）
荒野泰典「近代化する日本」（荒野泰典・石井正敏・村井章介編『日本の対外関係　第七巻　近代化する日本』吉川弘文館、二〇一二年）
バジル・ホール・チェンバレン『日本事物誌』一（高梨健吉訳、平凡社東洋文庫、一九六九年）

欧語文献

Iris-Aya Laemmerhirt, *Embracing Differences: Transnational Cultural Flows between Japan and the United States*, Transcript Verlag, 2013
Siegfried Wichmann, *Japonisme: The Japanese influence on Western art since 1858*, London: Thames and Hudson, 1999
Hugh Honour, *Chinoiserie: The Vision of Cathay*, New York, 1961
Oliver Impey, *Chinoiserie: The Impact of Oriental Styles on Western Art and Decoration*, Charles Scribner's Sons, 1977
David Porter, *The Chinese Taste in Eighteenth-Century England*, Cambridge U.P., 2010

Elizabeth Hope Chang, *Britain's Chinese Eye: Literature, Empire, and Aesthetics in Nineteenth-Century Britain*, Stanford U.P., 2010

Michael Sullivan, *The Meeting of Eastern and Western Art*, London: Thames and Hudson, 1973

Paul Greenhalgh, *Ephemeral Vistas: The Expositions Universelles, Great Exhibitions and World's Fairs, 1851-1939*, Manchester U.P., 1988

Popular Guide to the International Exhibition, London, 1862　https://books.google.co.jp/books/about/The_popular_guide_to_the_International_e.html?id=X6kHAAAAQAAJ&hl=ja

"Weekly Progress of the International Exhibition", *Journal of the Society of Arts*, Feb. 7, 1862　http://onlinebooks.library.upenn.edu/webbin/serial?id=jrsaukj

Masahiro Tohda (ed.), *Asian Images in the Nineteenth-Century British Reviews*, Vol. 2

Tayfun Belgin, "Viennese Japonisme: From the Figured Perspective to the extensive Style", in Gregory Irvine, ed., *Japonisme and the Rise of the Modern Art Movement: The Arts of the Meiji Period, The Khalili Collection*, Thames and Hudson, 2013

Ricard Bru, *Erotic Japonisme: The Influence of Japanese Sexual Imagery on Western Art*, 2013

International Exhibition 1876. Official Catalogue, Philadelphia, 1876, pp. 231-232, 235　http://books.google.com/

Marietta Holley, *Josiah Allen's Wife as a P.A. and P.I. Samantha at the Centennial*, Hartforf, 1878　http://books.google.com/

Anna Jackson, "Art and Design: East Asia", in J. MacKenzie, ed., *Victorian Vision*, V & A Publications, 2001

"LETTER VI., The Corruption of Modern Pleasure", February 28, 1867 (*Time and Tide*　https://archive.org/details/timeandtidebywe00unkngoog)

Jan Hokenson, "Proust's japonisme: Contrastive Aesthetics", *Modern Language Studies*, 29(1), 1999

Lionel Lambourne, *Japonisme: Cultural Crossing between Japan and the West*, London: Phaidon Press, 2005

Kraus Berger, *Japonisme in Western Painting: From Whisler to Matisse*, Cambridge U.P., 1992

Petra ten-Doesschate Chu, "Chinoiserie and Japonisme", in Gabriel P. Weisberg, ed, *The Orient Expressed: Japan's Influence on Western Art, 1854-1918*, University of Washington Press, 2011

Bret Norton (ed.), *The Golden Lotus*, Astrolong Publishing House, 2001

Timothy Clark (ed.), *Shunga: Sex and Pleasure in Japanese Art*, Hotei Publishing, 2013

T.C.W. Blanning (ed.), *The Short Oxford History of Europe: The Nineteenth Century*, 2000

Colin Matthew (ed.), *The Short Oxford History of The British Isles: The Ninetennth Century*, 2000

Stefan Berger, ed., *A companion to nineteenth-century Europe, 1789–1914*, Blackwell Pub., 2006

David Bromfield, "Japanese Art, Monet and the Formation of Impressionism: Cultural Exchange and Appropriation in Later Nineteenth Century European Art" in A. Gerstle & A. Milner (ed.), *Recovering the Orient: Artists, scholars, appropriations*, Harwood Academic Publishers, 1995.

Chris Williams, ed., *A companion to nineteenth-century Britain*, Blackwell Pub., 2007

Neil Harris, *Cultural Excursions: Marketing Appetites and Cultural Tastes in Modern America*, The University of Chicago Press, 1990

John M. Mackenzie, *Propaganda and Empire: The manipulation of British public opinion 1880–1960*, Manchester U.P., 1988

Hirokichi Mutsu, ed., *The British Press and the Japan-British Exhibition of 1910*, Routledge, 2001

Gabriel P. Weisberg, "Rethinking Japonisme: The Popularization of a Taste", in Gabriel P. Weisberg, ed, *The Orient Expressed*, 2011

●写真所蔵・提供者一覧（敬称略・五十音順）

神奈川大学図書館　p. 43下
公益財団法人東洋文庫　p. 22上・下
国際日本文化研究センター　p. 86右
国立国会図書館　p. 20下, 31, 106
清泉女子大学附属図書館　p. 65上
千葉市美術館　p. 62
東京国立博物館・Image：TNM Image Archives　p. 7下
日本大学芸術学部　p. 41下
放送大学附属図書館　p. 41上
ユニフォトプレス　p. 7上, 20上, 33下, 34, 58, 60, 71, 82, 86左
PPS 通信社　p. 43上
オルセー美術館・Photo cRMN-Grand Palais（musée d'Orsay）／Hervé Le wandowski／distributed by AMF-DNPartcom　p. 52
フィラデルフィア美術館・The Philadelphia Museum of Art／Art Resource, NY／DNPartcom　p. 76
フリーア美術館・Photo：Bridgeman Images／DNPartcom　p. 55下
ボストン美術館・1951 Purchase Fund 56.147 Photograph c 2016 Museum of Fine Arts, Boston. All Rights Reserved. c/o DNPartcom　p. 55上
Victoria and Albert Museum, London／PPS 通信社　p. 36下
Anna Jackson, "Art and Design: East Asia", in J. MacKenzie, ed., *Victorian Vision*, V&A Publications, 2001　p. 27
Hugh Honour, *Chinoiserie: The Vision of Cathay*, New York, 1961　p. 53
Lionel Lambourne, *Japonisme: Cultural Crossing between Japan and the West*, London: Phaidon Press, 2005　p. 69上
Oliver Impey, *Chinoiserie: The Impact of Oriental Styles on Western Art and Decoration*, Charles Seribner's Sons, 1977　p. 12
Robert Copeland, *Spode's Willow Pattern and other Designs after the Chinese*, Cassell, 1999　p. 65下

所蔵者不明の写真は, 転載書名を掲載しました。
万一, 記載洩れなどがありましたら, お手数でも編集部までお申し出ください。

東田　雅博　とうだ　まさひろ
1948年，大阪市生まれ
1981年，広島大学大学院文学研究科博士課程修了，西洋史学専攻。博士(文学)
富山大学人文学部教授，金沢大学文学部教授などを経て，現在，金沢大学名誉教授
主要著書：『大英帝国のアジア・イメージ』(ミネルヴァ書房，1996年)，『図像のなかの中国と日本——ヴィクトリア朝のオリエント幻想』(山川出版社，1998年)，『纏足の発見——ある英国女性と清末の中国』(大修館書店，2004年)，『柳模様の世界史——大英帝国と中国の幻影』(大修館書店，2008年)，『シノワズリーか，ジャポニスムか——西洋世界に与えた衝撃』(中央公論新社，2015年)

ジャポニスムと近代《きんだい》の日本《にほん》

2017年2月20日　第1版第1刷印刷　　2017年2月28日　第1版第1刷発行

著　者　東田《とうだ》　雅博《まさひろ》
発行者　野澤　伸平
発行所　株式会社　山川出版社
〒101-0047　東京都千代田区内神田1-13-13
電話　03(3293)8131(営業)　03(3293)8135(編集)
https://www.yamakawa.co.jp/　　振替　00120-9-43993
印刷所　株式会社　太平印刷社
製本所　株式会社　ブロケード
装　幀　菊地　信義

Printed in Japan　ISBN978-4-634-59088-5